해수면의 비밀

해수면의 비밀

ⓒ 遼水 金鐘文, 2021

초판 1쇄 발행 2021년 12월 24일

지은이   遼水 金鐘文
펴낸이   이기봉
편집   좋은땅 편집팀
펴낸곳   도서출판 좋은땅
주소   서울특별시 마포구 양화로12길 26 지월드빌딩 (서교동 395-7)
전화   02)374-8616~7
팩스   02)374-8614
이메일   gworldbook@naver.com
홈페이지   www.g-world.co.kr

ISBN   979-11-388-0540-7 (03900)

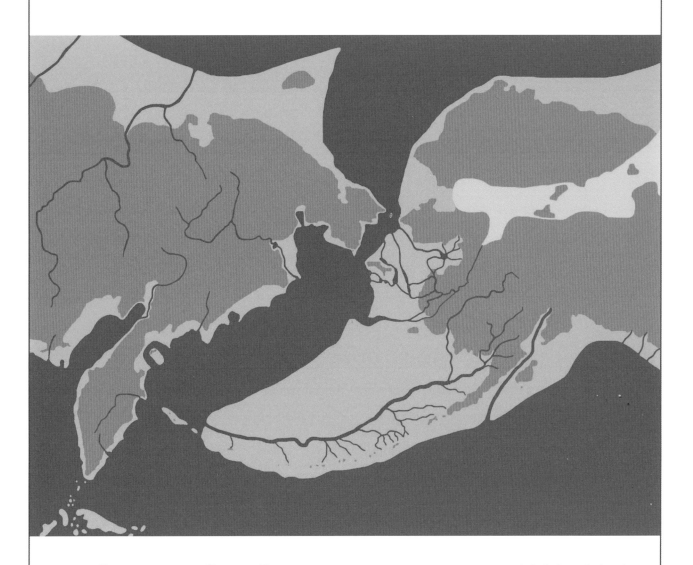

THE SECRET OF THE SEA LEVEL

해수면의 비밀 1권

18세기까지도 알래스카
베링해는 육지였다.
서양 제작 고지도가
증거 하는 해수면 상승의 진실

遼水 金鐘文 지음

좋은땅

감사의 말

나는 취미로 서양제작 고지도를 감상하다 우연히 지도상에 중요 지명들의 위치가 세계사와 크게 다름을 발견했다. 이후 나는 수년간에 걸쳐서 인터넷에 유통되는 동서양의 지도들을 최대한 수집하여 중요 지명들의 위치와 지형의 변화를 분석하였다. 《해수면의 비밀》은 그간 연구했던 해수면 상승과 관련한 고지도 연구물들을 모은 것이다.

나는 1973년 겨울 경기도 시흥군 수암면 도리섬(현 안산시 단원구)에서 태어났다. 아버님은 가난한 농부이자 목수셨고 어머님은 자애로운 주부셨다. 4남 3녀 중 막둥이로 태어난 나는 가족들의 사랑을 받으며 행복한 유년시절을 보냈다. 마을 위에는 작은 천주교 성당이 있었는데 일요일이면 온 가족이 하나님께 기도를 드렸다. 어린 시절의 나는 사랑스러웠으며 주위 사람들의 극진한 보살핌에 아무런 걱정과 슬픔 없이 자랄 수 있었다.

나의 삶은 6살 이후로 고난과 질병의 연속이었다. 6살 가을, 사고로 상반신에 화상을 입었고, 7살에는 초등학교에 입학하여 여름성경학교에서 물놀이를 갔다 급류에 휘말려 죽을 뻔했었다. 이후 13세까지 매해 한두 번 이상 부상을 당하여 수주씩 누워 있고는 했는데 온 집안의 걱정거리였다. 7살 이후 나의 주된 관심은 '모든 만물이 죽음을 피할 수 없으며 나도 죽는다.', '죽음 이후 어떻게 되는가?', '천지를 창조하신 하나님은 진짜 있을까? 있다면 하나님을 낳은 부모는 누구인가?', '나는 누구이며 대체 어째서 지금 여기 있는 것인가?' 등이었다.

가만히 강가에 앉아 있으면 척추와 온몸을 흐르는 전류가 느껴지며 기이한 체험들이 계속되었는데 사람들이 방해하지 못하도록 말하지 않았다. 방과 후 대부분의 시간을 강가 혹은 들판에 앉아 삶의 의미와 하나님을 생각했다. 나는 학교생활에 아무런 호기심도 기쁨도 없었고 삶은 허무했다. 그러다 13세에 왼쪽 고관절을 크게 다쳐서 수술을 받았는데 의식을 회복하지 못하고 생사의 기로에 놓였었다. 온몸이 불처럼 타올랐고 숨이 너무나 가빠 금세 멎을 듯했다.

나는 삶에 아무런 미련이 없었기에 죽음을 담담히 받아들였는데 슬픔에 겨워 우는 가족들을 보면서 조금 더 살아야겠다는 마음을 먹고 하나님께 기도를 드렸다. "다시 살아나면 병들고 가난한 사람들 불쌍한 사람들을 구제하는 삶을 살겠습니다. 당신의 뜻을 위해 살겠습니다." 그 밤 열이 내리고 고통도 느끼지 못했던 몸이 갑자기 아프기 시작했다. 이후 건강을 회복했는데 하나님과의 약속은 삶의 존재가치가 되었다. 나는 30년을 기다린 후 고지도 조작을 알게 됐는데 세계사를 바로 세워 인류를 구제함이 사명임을 자각하고 하나님께 감사했다.

지난 기간 걱정과 응원을 주셨던 분들께 감사를 드린다. 우선 어머님께 감사한다. 어머님은 이제까지 나를 지켜보시며 지지해 주셨다. 안정적인 생업을 포기하고 불확실하고 위험한 고지도 연구를 선택했다는 것을 아셨을 때 어머님께서는 "그 일을 꼭 해야 하는 일이냐?"라고 물으셨다. 나는 '그 일은 죽더라도 해야 하는 일.'이라는 말씀을 드렸다. 나의 가족들은 평범한 일반인들로 나의 미래가 그저 안정되고 행복하기만을 바랐다. 그러한 마음들에 감사한다.

나는 고지도연구의 결과를 공개할 때를 기다렸다. 그러다 2014년 4월 16일 대한민국에서는 304명의 무고한 시민들이 MV Sewol(세월호)에 갇혀 학살되는 의문의 사고가 발생했다. 희생자 대부분은 고향인 안산시 단원구의 고등학교 학생들이었다. 사고 2일 차에 방송을 보면서 배에 갇힌 아이들 모두가 죽임당할 것을 직감하고 4월 18일 저녁부터 '고지도의 진실'을 작성하기 시작했다. 나는 세월호에서 죽임당한 아이들에게 전 세계 고지도들이 세계사 조작을 위해 조작됐음을 폭로하여 세계사를 바로 잡겠다고 약속했다. 나는 수개월 동안 온몸을 감싸는 성스러운 힘을 느끼며 고지도의 진실을 작성했다. 지도를 보면서 의문이 발생하면 잠에 들면서 성령께 지혜를 구하곤 했는데 잠이 깨면 의문도 풀리곤 했었다. 성령께서 인도하지 않으셨다면 '고지도의 진실'은 있을 수 없었으니 이 모든 것은 하나님의 은혜다.

2014년 6월 30일 '고지도의 진실'은 다음카페 인터넷동호회인 지구조선사연구회에 처음으로 공개됐다. 당시 나의 글들은 고지도 조작이라는 중대한 주제를 다루었음에도 학문적 논리전개에 무지하여 큰 호응을 받음과 동시에 비난에 직면했다. 지구조선사연구회의 회원님들의 따뜻한 격려는 내게 큰 힘이 되었다.

고지도의 진실을 인터넷에 무료로 배포하기 시작한 후 2개월이 흘러 역사연구가 우화등선 성영대 님이 글들을 모아서 배포하고 계신 것을 알게 됐다. '고지도의 진실'은 현재의 세계사와 국사가 허위임을 밝히는 내용들이기에 그것을 알리는 것 또한 위험했다. 그럼에도 겨레와 인류에 중대한 내용으로 평가하시고 적극적으로 알리셨던 우화등선 님께 진심 어린 감사를 드린다.

나는 2014년 10월 3일 개천절을 기해서 '시사평론 정론직필'이라는 인터넷카페에 요수(遼水, 고대 북해에서 남쪽으로 몽골사막을 횡단하여 발해로 흘렀던 강)라는 닉네임으로 활동을 시작했다. 합리적이고 논리적인 판단을 중시하던 정론직필 회원님들의 격려와 채찍질들은 나의 성장에 큰 도움이 되었다. 특히 현명한 판단력을 보여 주었던 카페지기 정론직필 님께 감사를 드린다. 정론직필에서의 활동 이후 나는 고지도연구결과를 역사기록들로 검증하는 데 집중했다. 미대륙을 동아세아로 표기한 고지도들의 지리정보들은 역사기록들과 일치했다.

2014년 가을 출판을 준비하던 내게 인터넷언론사인 플러스코리아로부터 기사게재 제안이 들어왔다. 연구에 감명을 받았다는 소산 리복재 님은 "선생님의 글들을 세상에 널리 알리고 싶습니다."라고 했다. 당시에 출판을 준비하던 나는 진실을 인류에게 알리는 것을 최우선으로 여겨 기사화로 방향을 전환했다. 이후 2015년 3월부터 2016년 2월까지 '고지도의 진실'은 플러스코리아에 47회의 고지도칼럼으로 연재됐다.

'고지도의 진실'이 촉매가 되어 2015년 '대조선학회(회장 리복재)'와 '대조선삼한역사학회(회장 강영호)'가 결성됐는데, 진실한 세계사를 회복할 수 있도록 올바른 지리정보를 제공하고자 두 단체에 참여했다. 그러다 2017년 8월 춘천에 위치한 세계 최대 규모의 선사시대 도시 중도유적지를 보존하기 위한 시민단체의 대표로 활동을 시작하면서 '고지도의 진실' 출판은 보류됐다. 나는 2018년 봄 '인류시원문명학회'를 결성하고 '춘천중도강연회'를 개최했다. 앞으로 '고지도의 진실'은 변동이 없는 한 '인류시원문명학회'의 이름으로 강연되어 인류에게 전달될 것이다.

2018년 4월 18일 시민단체 '중도본부'를 결성 한 이후 함께 활동했던 여러 동지들께 감사를 드린다. 나는 중도유적지를 만남으로 동북아가 인류시원의 선사시대에 찬란한 문명을 이룩했던 SINAR임을 제대로 이해하게 되었다. 중도본부의 동지들인 김영식 선생님, 고금자 여사님, 임광자 원장님, 정형만 장로님, 정선희 선생님, 손인옥 선생님, 김수종 목사님, 박천배 목사님, 이남숙 전도사님, 정말남 사무총장께 진심 어린 감사를 드린다.

마지막으로 지구의 진실한 역사를 찾고자 노력했던 학자들에게 감사한다. 나는 고지도들을 보면서 과거에 어떠한 일들이 있었을지 미루어 알고 슬픔에 통곡하였다. 진실의 세계사는 너무나 완벽하게 조작되어 감추어졌다. 진실을 감추기 위해 얼마나 많은 학자들이 부정한 권력에게 고통 받고 죽임 당했을까…. 나의 책들은 그들의 바람에 대한 하나님의 응답일 것이다.

2021. 10. 25.

遼水 金 鍾文

들어가는 글

역사는 지리를 알아야 바르게 이해할 수 있는 이야기들의 모음이다. 지리를 제대로 모르면 아무리 훌륭한 역사기록들이 있어도 본래의 참 역사를 알 수 없다.

지도의 생명은 정확성과 일관성에 있다. 그럼에도 현재 전 세계에 유통되는 동서양의 고지도들은 일관성이 결여되어 신뢰할 수 없다. 그에 대해 학자들은 대항해시대에 서양의 각 나라들이 정확한 지리정보를 취득하기 위해 노력했고 새로운 지리정보가 발생하면 지도제작에 발 빠르게 반영하여 새로운 지도를 제작했기 때문이라고 말했다. 그들은 너무 오래전의 지도들이라 원인을 정확히 알 수 없다는 궁색한 답변을 할 뿐이었다.

서양에서 제작한 수천 장의 지도들을 수집하여 비교해 보면 몇 가지의 일관성이 확인된다. ① 18세기까지도 미대륙과 아시아의 중간에 위치한 베링해는 육지로 표기됐다. ② 베링해를 육지로 표기한 지도들이 바다로 표기한 지도들보다 정확하다. ③ 미대륙을 아시아와 하나의 대륙으로 표기한 지도들은 현재의 대륙붕들을 육지로 표현했다. ④ 미대륙을 ASIA로 표기한 지도들은 일관성이 있다. 그러나 AMERICA로 표기한 지도들은 동일 연도, 동일 제작자의 지도들조차 서로 다르게 제작됐다. ⑤ 미대륙을 동아시아로 표기한 지도들은 현 동아시아의 중요 지명들을 미대륙에 표기했다. ⑥ 미대륙을 신대륙으로 표기한 지도들은 동아시아의 중요 지명들을 현 아시아 여러 곳에 일관성 없이 표기했다. ⑦ 현대적인 지도의 제작이 이루어진 18세기 이후의 지도들도 동시기뿐 아니라 동일 제작자의 지도들이 서로 다르다. ⑧ 19세기에 제작된 다수의 서양지도들에는 미대륙에 동아시아의 중요 지명들이 표기됐다. ⑨ 20세기 초에 제작됐다는 지도들도 동시기 지도들에 지리정보가 서로 다르다.

필자는 위의 내용들을 정확히 밝히기 위해 3가지 종류의 책자들을 제작했다.

첫째, 고지도상에 동아시아와 지리적으로 하나의 대륙이었던 미대륙이 어떻게 아시아와 분리된 신대

류이 되었는지를 연구하여 《해수면의 비밀》에 수록하였다. 현재 수만 년 이전부터 바다였다는 베링해는 18세기 제작된 서양지도들에도 육지로 표현됐다. 마지막 빙하기 이후 120m의 해수면 상승이 있었다는 현 세계사는 거짓이다. 또한 18세기 러시아가 베링탐사로 사람이 살지 않던 알래스카를 발견하여 개발했고, 미국이 구입했다는 세계사도 명백한 허위의 소설이다. 산업화로 인해 지구온난화와 해수면상승이 진행 중이라는 주장들은 17세기 이후 전 지구적인 지형의 변화와 가공할 해수면 상승이 있었음을 감추고 만들어졌다.

둘째, 세계사를 알 수 있는 중요 지명들의 위치를 연구하여 '고지도의 진실'에 수록하였다. 연구는 고지도들에 중요 지명들의 분포를 파악하고 역사기록과 일치하는 지명의 올바른 위치를 규명하였다. 연구결과 현재의 세계사에 중요 지명들의 위치는 역사기록들과 전혀 다름이 확인됐다. 역사기록들과 일치 하는 지도들은 16세기 미대륙을 동아시아로 표현한 지도들이었다. 그 이외의 지도들은 지도상에 중요 지명들의 위치가 역사기록들과 완전히 불일치했다.

셋째, 현재 유통되는 서양제작 고지도들을 시기별 유형별 제작자별로 분석하여 '고지도 조작'에 수록하였다. 연구결과 현재 유통되는 고지도들 대부분은 수십 개의 지도를 복사하여 제작됐음이 확인됐다. 수천 장의 고지도들이 동일한 지도에 채색과 장식을 다르게 하여 제작되었다. 세계사에서 위대한 지도 제작자라고 칭송하며 권위를 인정받는 지도들 또한 비슷했다. 동시기 동일 제작자의 지도들이 여러 종류로 다르게 제작된 사례가 19세기 말에도 발견되는 것으로 보아 20세기에 국가를 초월하는 조직적인 고지도 조작이 실시되었을 것으로 예상된다.

아마도 독자들은 기존에 주입당한 세계사와 너무나 다른 내용이라 받아들이기 어려울 것이다. 부디 열린 마음으로 제시되는 자료들을 살펴보면서 올바른 판단을 내기를 바란다. 진실은 해수면의 아래에 숨겨져 있었다.

지구온난화와 해수면의 비밀

현재 지구를 지배하는 일루미나티 딥스테이트 등으로 불리는 세력들은 수백 년 동안 전지구적으로 수십 미터 이상의 해수면 상승이 있었음을 감추었다.

지금까지 세계의 저명한 학자들과 미디어들은 산업이 발달함에 따라 화석 연료의 사용이 크게 증가하고, 농지를 확대하기 위해 숲이 파괴되면서 지구온난화가 강화되고 그로 인한 해수면 상승으로 위기상황이라고 주장했다. 기후과학자들은 해수면 상승으로 저지대가 침수되고, 북극곰 등의 생물들이 멸종될 수 있다고 경고했다.

마이크로소프트(MS)의 창업자 빌 게이츠와 엘고어 전 미합중국 부통령 등 유명 인사들은 수십 년 동안 지구온난화를 막기 위해 열성적으로 노력했다. 2019년 정부 간 협의체(IPCC, Intergovernmental Panel on Climate Change) 보고서는 2006년부터 2015년까지 해수면이 매년 3.6㎜씩 높아졌다고 발표했다. IPCC는 지구온난화에 적극적으로 대처하지 않으면 2019년과 2100년 사이 지구 해수면이 약 1m나 상승할 수 있다고 경고했다.

그런데 사실 18세기 유럽에서 제작된 수많은 지도들은 현재의 베링해를 육지로 표현했고 전 세계적으로 수십 미터 이상의 해수면 상승이 있었음을 증거한다. 당시의 해수면 상승은 산업화 이전이라 탄소나 온실가스와 전혀 무관했다. 딥스테이트들은 17세기 이후 수십 미터 이상의 해수면 상승이 있었음을 감추고 인류를 고통스럽게 하는 탄소중립을 강요하고 있다.

본 책자는 아시아와 하나의 대륙이었던 미대륙이 아시아와 분리되는 과정을 인류에게 알리기 위해 제작됐다. 인류는《해수면의 비밀》을 통해 17세기 이후 전 지구적으로 가공할 지형의 변화와 해수면 상승이 있었음을 이해하게 될 것이다.

부록 베링해를 육지로 표현한 18세기 서양지도

1부

베링지아 이론은 조작됐다

현 세계사에 미대륙AMERICA와 아시아는 12,000년 전 마지막 빙하기까지도 베링 육교(Beringia Land Bridge)라 불리는 육지로 연결되었으나 이후 해수면 상승으로 베링해협(Bering Strait)이 생기면서 분리되었다. 그러나 사실 베링육교이론은 완전한 허구다. 본 연구는 베링육교이론이 거짓이며, 18세기까지도 베링지아가 존재했음을 밝히기 위해 실시됐다.

1. 미대륙은 아시아와 인접

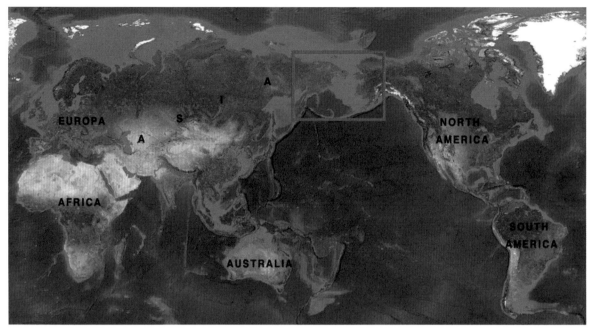

그림 1. 미대륙과 아세아의 중간인 베링해협은 82㎞에 불과하다.(사진 제작: 김종문)

　현재 신대륙 AMERICA는 아시아와 지리적으로 분리된 별개의 대륙이다. 두 대륙의 사이에는 베링해협(Bering Strait)과 베링해(Bering Sea)가 위치했다. 베링해협의 거리는 공식적으로 53miles(85㎞)에 불과하다. 85㎞면 동북아 코리아(Korea)와 재팬(Japan)의 거리보다도 가깝다. 그럼에도 세계사에서 미대륙은 1492년 크리스토퍼 콜럼버스(Christopher Columbus)의 신대륙 발견 이전에는 다른 대륙들과 교류조차도 못한 신대륙이다.

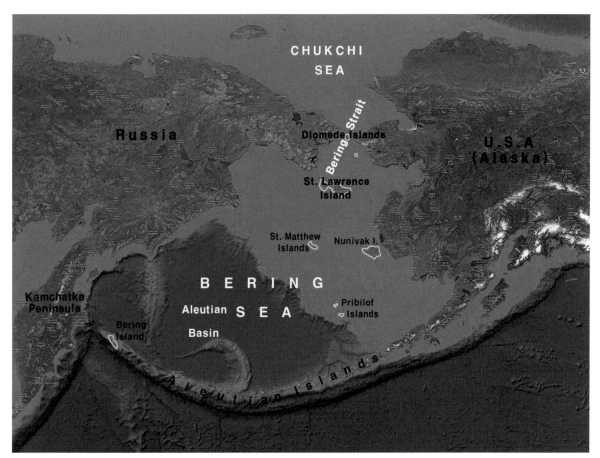

그림 2. 미대륙와 아시아는 베링해협과 베링해를 사이로 마주보고 있다.(사진 제작: 김종문)

베링해협에는 2개의 다이오미드 섬(Diomede Islands, 약 16㎢)을 비롯한 많은 섬이 있다. 베링해협 남쪽에는 세인트로렌스 섬(St. Lawrence Island, 2,667㎢)이 있다.

베링해협의 남쪽에는 베링해가 있는데 태평양의 북쪽 바다로 북쪽으로 베링해협을 통해 북극해와 연결된다. 베링해에도 세인트 메튜 제도(St. Matthew Islands), 누니바크 섬(Nunivak Island), 프리빌로프 제도(Pribilof Islands) 등 여러 섬들이 있다.

베링해의 동쪽은 미국의 알래스카주(Alaska), 서쪽은 러시아의 시베리아 캄차카 반도(Kamchatka Peninsula), 남쪽은 알류샨 열도(Aleutian Islands)로 둘러싸여 있다. 베링해의 남북길이는 약 1,800㎞, 동서길이는 960㎞이다. 베링해 남쪽에는 알류샨 해저분지(Aleutian Basin)가 발달했는데 깊이가 3,000m 이상으로 알려졌다.

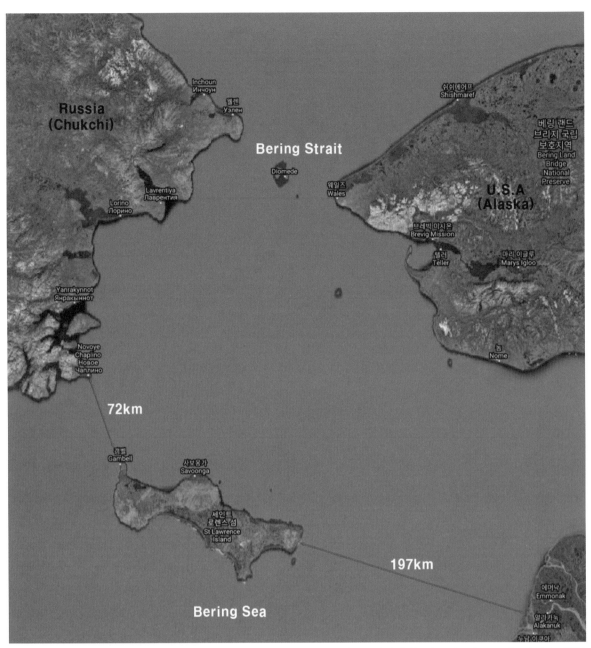

그림 3. 베링해협은 극동아세아와 북미 알라스카의 사이에 위치하였다. 베링해협은 중간의 다이오메드 제도와 35㎞ 정도의 작은 해협들로 이루어졌다.(사진 제작: 김종문)

베링해협의 거리는 85㎞로 알려졌다. 그러나 베링해협 중간에는 다이오메드 제도(Diomede Islands)가 위치하고 있어서 두 대륙의 실제 거리는 훨씬 가깝다. 베링해협 남쪽에 위치한 세인트로렌스 섬(St. Lawrence Island)도 러시아의 축치자치구와는 72㎞ 정도로 매우 가까운 거리다.

그림 4. 베링해협 중간에 다이오메드 제도(Diomede Islands)에서는 북미 알라스카와 극동아시아 러시아의 축치자치구(Chukchi)가 육안으로 잘 보인다.(사진 제작: 김종문)

빅 다이오메드 섬은 극동아시아 (1) 축치자치구에서 35㎞ 떨어진 거리이며, (3) 리틀 다이오메드 섬도 미대륙 알라스카 (4) 틴 시티(Teen City)와 36㎞ 떨어졌다.

그림 5. 알라스카 리틀 다이오메드에서 바라본 러시아 빅 다이오메드와 축치자치구

베링해협에 다이오메드 제도와 극동아시아 축치자치구는 35㎞ 떨어진 가까운 거리이므로 인근에 높은 산으로 올라가면 서로를 육안으로 확인할 수 있다.

위 사진은 알라스카 (3) 리틀 다이오메드 섬에서 러시아 (2) 빅 다이오메드 섬와 (1) 축치자치구를 촬영한 자료다. 화질이 선명하지 않지만 빅 다이오메드 섬 너머에 축치자치구가 확인된다.

그림 6. 베링해협 전경(사진 출처: 2013년 Alaska Dispatch News archive)

알라스카에서 베링해협을 촬영한 사진들 중 러시아 축치자치구가 선명히 촬영된 사진자료들도 확인된다. 위 사진은 알라스카 틴 시티(Teen City) 상공에서 촬영됐다.

알래스카 내륙 상공에서 촬영됐음에도 베링해협 너머 (1) 러시아 축치자지구가 선명하게 촬영됐다.

그림 7. 베링해협 전경(사진 출처: bedejournal.blogspot.com)

　위 사진은 비슷한 위치에서 촬영된 사진이다. 알라스카 틴 시티와 축치자지구가 육안으로 보이는 가까운 거리임은 의심의 여지가 없다.

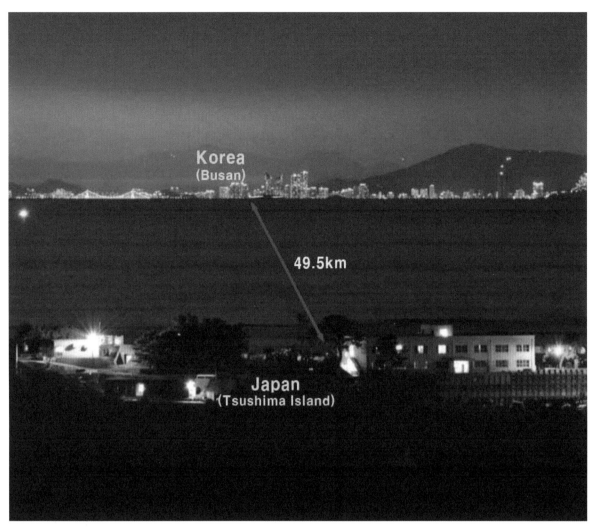

그림 8. 대한민국 부산과 일본 대마도의 거리는 49.5㎞로 베링해협 다이오메드 제도와 북미 알래스카의 거리 36㎞보다 멀지만 잘 보인다.

　이해를 돕기 위해 동북아시아 일본 쓰시마섬에서 대한민국 부산을 촬영한 사진을 보자. 부산과 쓰시마섬의 거리는 49.5㎞로 베링해협 다이오메드와 알래스카의 거리 36㎞보다 훨씬 멀다. 부산과 쓰시마섬은 육안으로 잘 보인다. 그런데 어떻게 더 가까운 알래스카를 극동아시아에 인류가 모를 수 있는가?

그림 9. 러시아의 군인들이 Big Diomede Island에서 미국 영토인 Little Diomede Island 방면을 경비하고 있다.(사진 출처: 1999년 Jacek Palkiewicz)

현재 다이오메드 제도에 Big Diomede Island는 러시아의 영토이며, Little Diomede Island는 미국의 영토로 국경선이 베링해협을 통해 뻗어 있다. 두 섬 사이의 거리는 3.7㎞밖에 안 되지만, 두 섬 사이로 날짜변경선이 지나기 때문에 시차는 21시간이나 난다.

아시아의 인류는 알래스카를 발견하기 위해 유럽에 콜럼버스처럼 목숨을 걸고 대해를 건널 필요도 없었다. 눈을 들어 동쪽으로 보면 알래스카가 보이기 때문이다.

2. 베링해협의 수심은 25m

그림 10. The Bering Sea and the Bering Strait(사진 출처: Encyclopædia Britannica, Inc)

현재 베링해협의 수심은 대략 30m~50m이며, 평균수심은 40m로 알려졌다. 위 브리태니커 백과사전 (Encyclopædia Britannica)에 베링해와 베링해협에 대한 지도에 베링해협의 수심은 다이오미드 제도 (Diomede Islands)의 남서쪽이 51m로 표기됐다. 현재 유통되는 베링해협의 수심을 표기한 지도들은 여러 지도들이 서로 다르게 표기되어 일관성이 결여됐으니 여러 자료들을 비교해 보자.

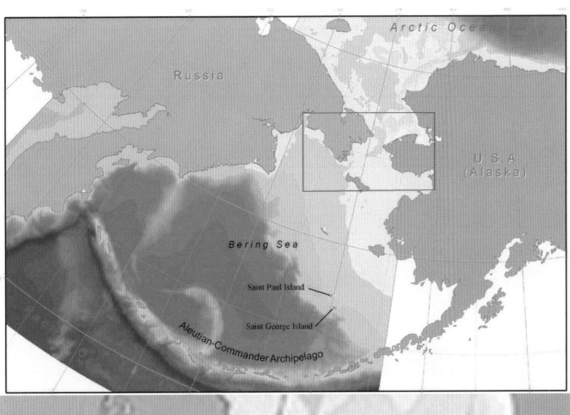

그림 11. Courtesy of U.S. Geologic Survey 지도 베링해협 확대

위 Courtesy of U.S. Geologic Survey 지도를 보면 베링해협 중앙 다이오미드 제도 동쪽 해저에 남북으로 길쭉한 분지의 지형이 표현됐다.

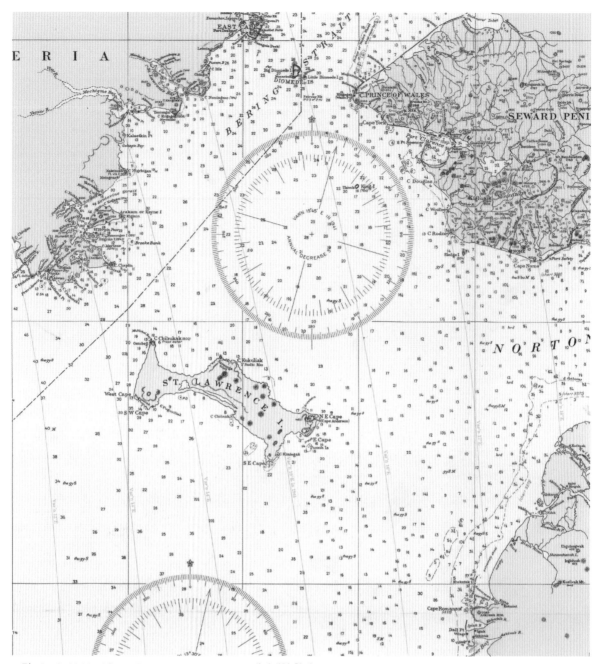

그림 12. 1948 United States Department of Commerce 베링해협 확대

위 1948 United States Department of Commerce 지도에 베링해협 다이오메드 제도에서 세인트로렌스 섬 사이의 수심은 대부분 20m에도 미치지 못한다. 그 사이의 거리는 대략 250㎞에 달하는데 거대한 평야의 지형이다. 세인트 로렌스 섬 서쪽 일부를 제외한 대부분 지역은 수심이 11m~19m에 불과하다.

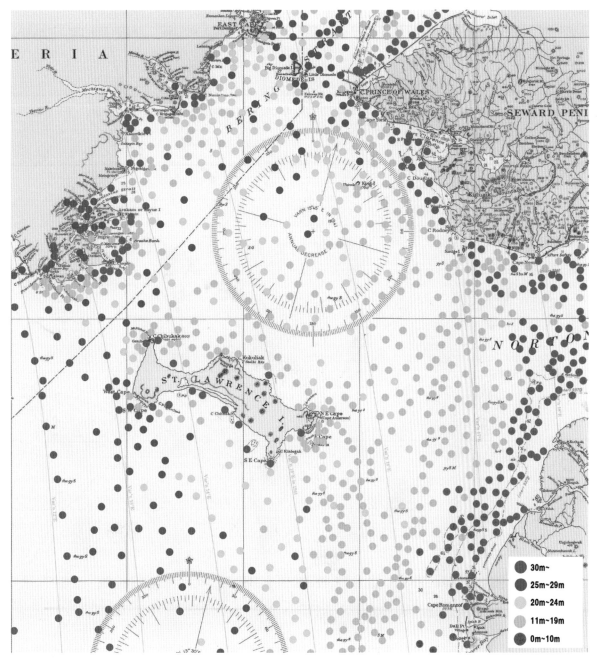

그림 13. 1948 United States Department of Commerce 수심 채색(사진 제작: 김종문)

수심이 지금보다 20m 낮았던 시기까지도 베링해협 다이오메드 제도와 세인트 로렌스 섬 사이 대부분
은 육지였다. 만약 해수면이 15m만 낮아져도 베링해협 주위로 매우 넓은 지역이 육지로 변하고 수많은
암초들이 모습을 드러낼 것이다.

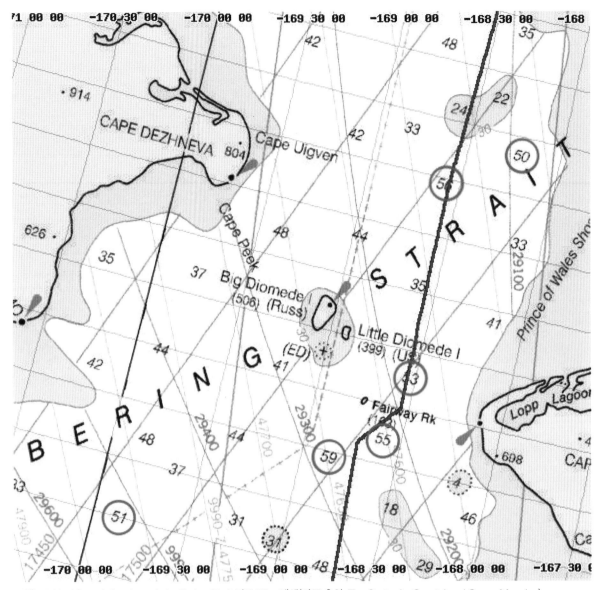

그림 14. Healy's track line through the Bering Strait 지도 50m 채색(지도 출처: The Center for Coastal and Ocean Mapping)

다이오메드 동쪽에 분지는 위 The Center for Coastal and Ocean Mapping의 지도에 수심 50~59m로 표기됐으며, 다이오메드 남서쪽에도 51m 수심이 표기됐다. 다이오메드 서쪽에 수심은 44m 전후로 동쪽에 비해서 상대적으로 낮게 표기됐다. 그러나 수심지도들 중에는 베링해협의 수심을 25m 내외로 표기한 지도들도 많다.

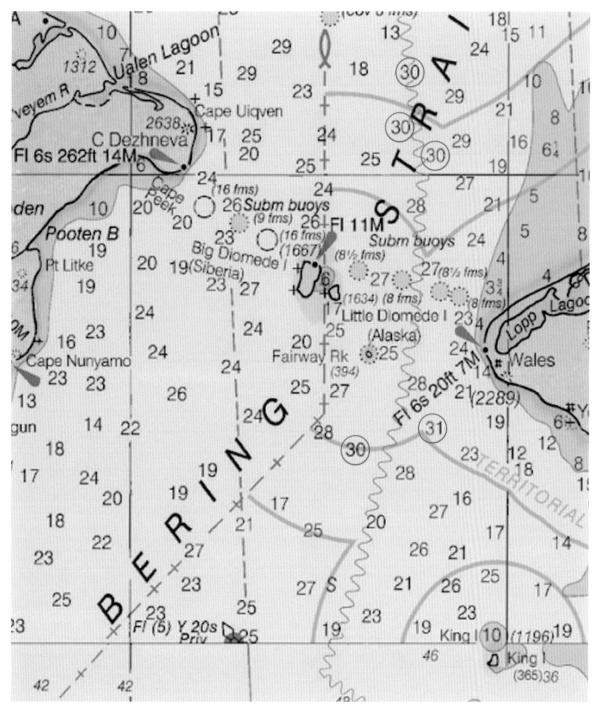

그림 15. Bering Strait with the GeoGarage platform 지도 30m 채색

위 Bering Strait with the GeoGarage platform (NOAA chart)) 지도에 다이오메드 섬 동쪽 분지에 수심
은 27m 정도로 다르게 표기됐다.

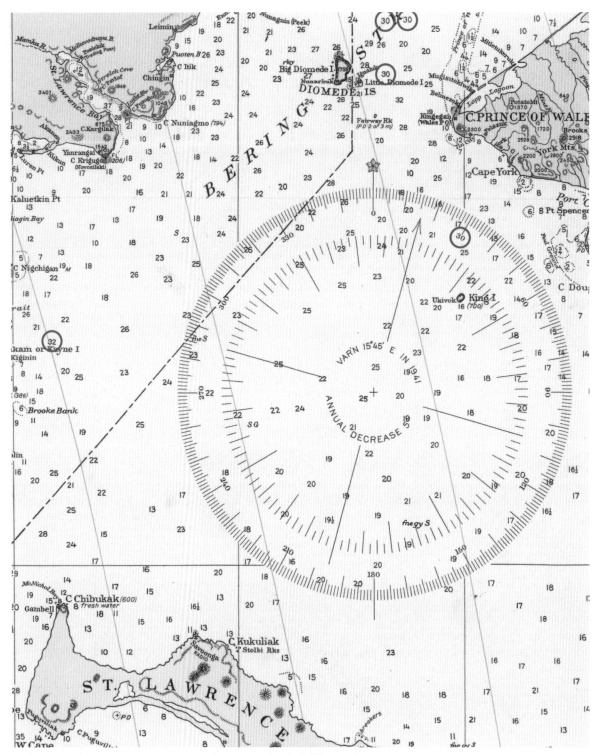

그림 16. 1948년 United States Department of Commerce 지도 베링해협 30m 채색

위 1948년 United States Department of Commerce 지도에도 베링해협 수심은 대부분 30m에 미치지 않는다. 베링해협 중간에 다이오미드 제도에서 남쪽으로 세인트로렌스 섬 사이에 수심은 대부분 25m에 미치지 않았다.

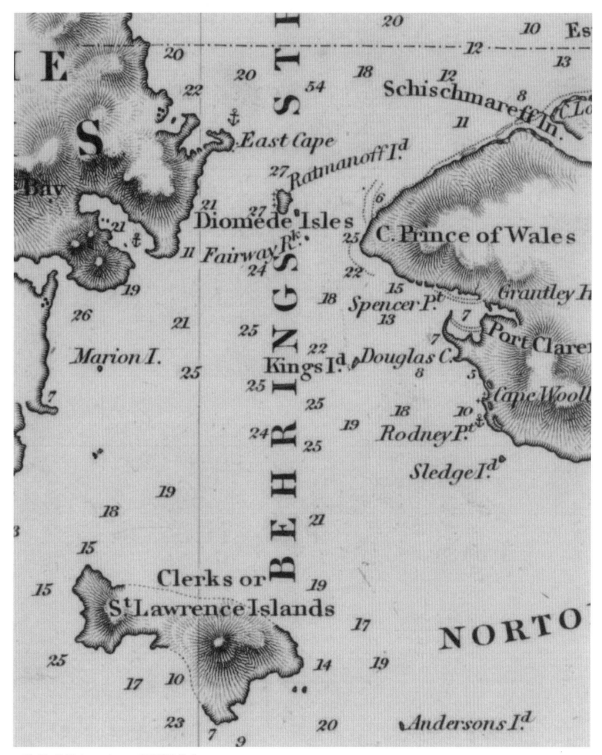

그림 17. 1849 James Imray 베링해협 확대

19세기에 서양에서 제작된 지도들에도 베링해협 수심은 대부분 25m 미만으로 표기됐다. 위 1849년 제임스 임레이(James Imray) 지도에 베링해협 수심은 대부분은 25m 이하로 표기됐다.

Russia(Chukchi)

Big Diomede Island

U.S.A
(Alaska)

그림 18. 베링해협에 추진되는 BeringStraitBridge예상도(사진 제작: 2009 Karen Cilento)

　현재 베링해협으로 검색되는 사진들은 극히 적다. 그마저 대부분 겨울철 얼어붙은 극지의 모습이다. 위의 BeringStraitBridge 조감도를 보면 다이오메드 제도와 알래스카의 사이에는 수많은 섬들이 표현됐다.

le Diomede Island

통상 조감도에는 지리정보를 최대한 반영하기에 실제 비슷하게 수많은 섬과 암초들이 베링해협에 있을 것으로 예상된다.

3. 베링지아 이론은 허구

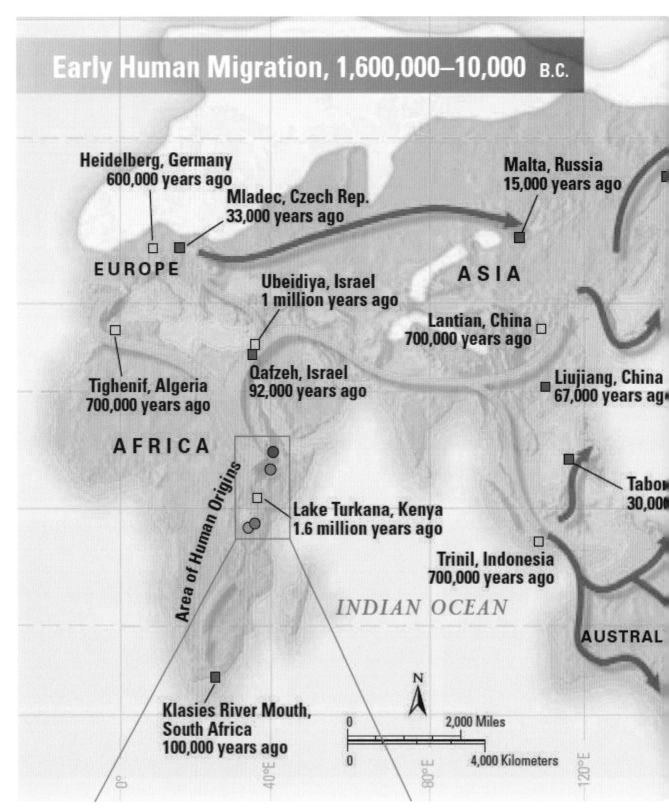

그림 19. National Geographic Human Migration Map

세계사에서 미대륙 원주민의 기원에 대한 학설들 중 가장 지지를 받는 이론은 약 2만~3만 5,000년 전
아시아에 인류가 베링 육교(Beringia Land Bridge)를 통과하여 이동했다는 베링해협 유입설이다.

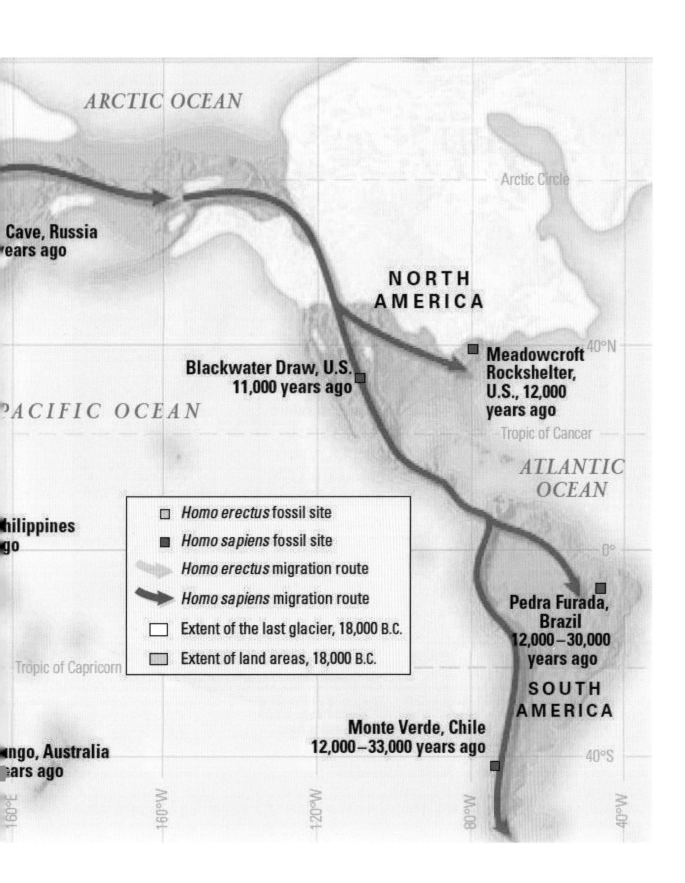

베링육교이론에 따르면 베링육교는 베링해협, 베링해, 축치해 등의 대륙붕들을 포함하는데 너비가 1600㎞ 가량에 달했다. 베링육교는 마지막 빙하기였던 12000년 전까지도 존재했다고 알려졌다.

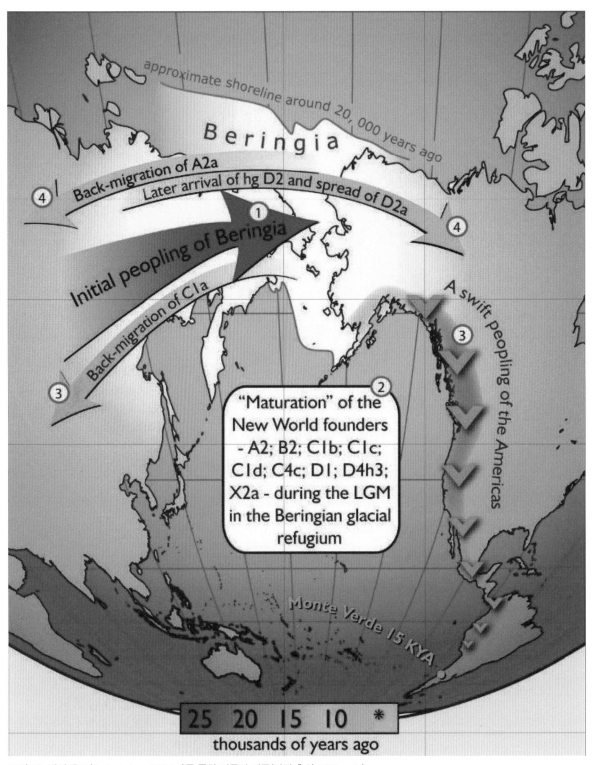

그림 20. 베링 육교(Beringia Land Bridge)를 통한 인류의 이동(사진 출처: Wikipedia)

베링육교는 마지막 빙하기 이후 베링해협이 생기면서 분리되어 사라졌다. 즉 베링육교이론에 따르면 미대륙 원주민들은 수만 년 전에야 미대륙으로 이주한 선주민들의 후예들이다. 지금까지 인류는 베링지아 이론을 공교육을 통해 전달받으면서 아무런 의심도 없이 받아들였다. 그러나 이론을 살펴보면 거짓들이 너무나 많이 보인다.

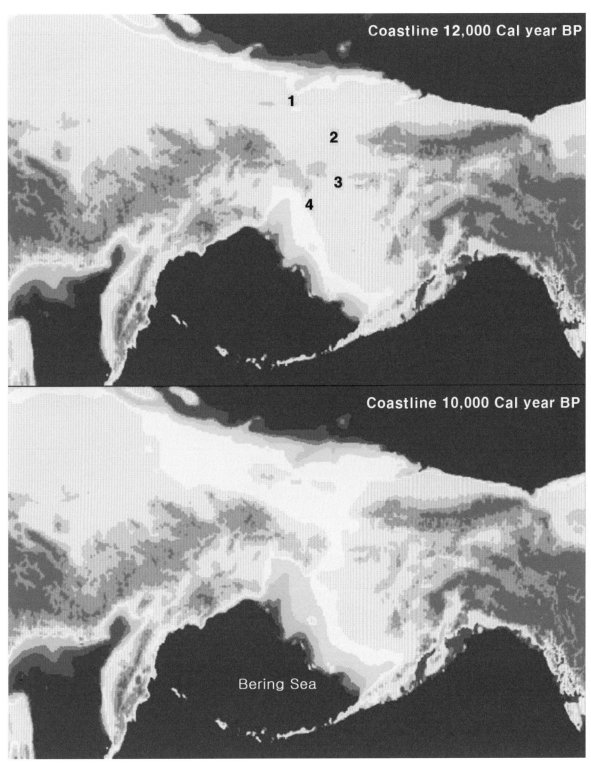

그림 21. (상) 12,000년 전 베링지아와 (하) 10,000년 전 베링지아(사진 출처: Wikipedia)

우선 베링해가 태곳적부터 바다였다는 점과 (3) 베링해협 중간에 산맥이 위치하여 북쪽에 (2) 축지해와 남쪽에 베링해보다 지대가 높다는 점을 기억하자.

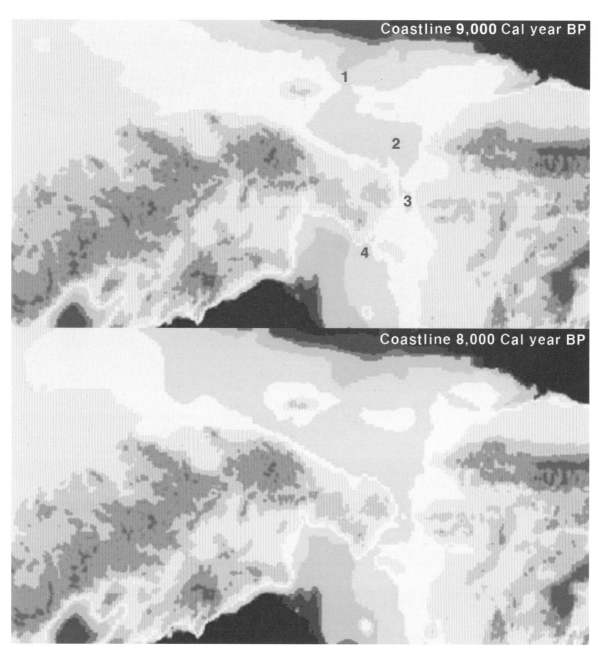

그림 22. (상) 9,000년 전 베링지아와 (하) 8,000년 전 베링지아 지형(사진 출처: Wikipedia)

　　베링육교 이론에 따르면 기원전 9,000년 전까지도 베링해협이 육지로 하나였으나 8,000년경에 베링해협이 형성됐다. 베링해협이 1,000년의 짧은 기간에 형성된 것은 지대가 낮은 (3) 협곡과 현재는 축지해로 변한 (2) 분지가 베링해협에 존재했기 때문이다.

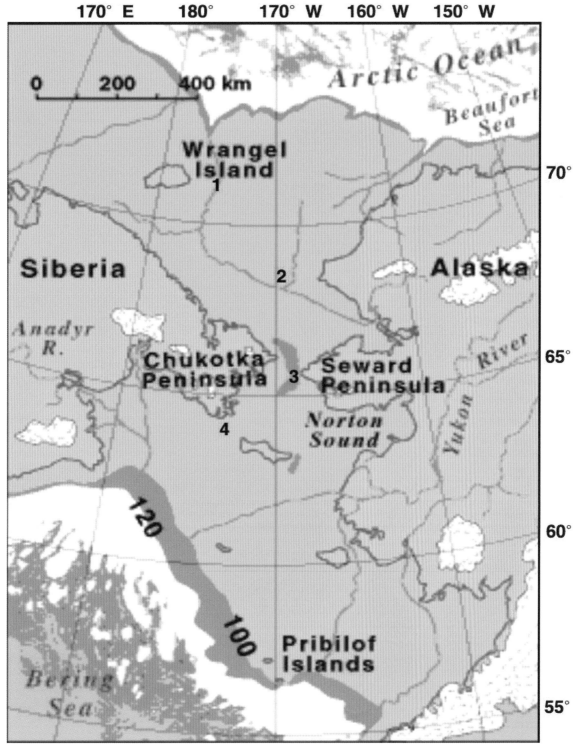

그림 23. Beringia—Bering Land Bridge during Pleistocene late Wisconsin Glaciation

위 지도는 미국 내무부의 정부 기관인, 미국 지질조사국에서 제작한 베링지아 지도에 필자가 번호를 표기한 것이다. 지도를 보면 베링해협에 강줄기가 표현되고 다이오메드 제도 동쪽이 너비 30~60㎞ 정도에 길이가 남북으로 200㎞ 정도 되는 거대한 호수가 표현됐다. 북극해는 해수면 상승으로 강줄기 (1)과 (2)를 통해 북상하다가 고지대에 (3) 호수와 연결되면서 단기간에 베링해협이 형성될 수 있었다.

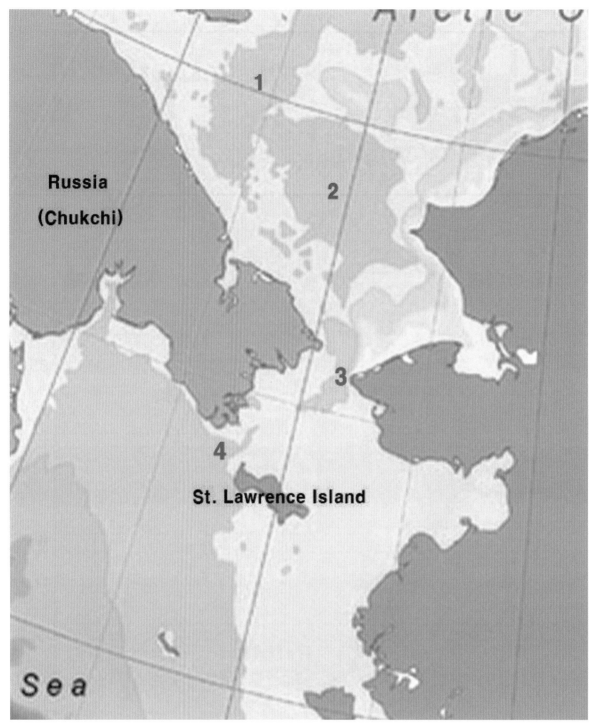

그림 24. Courtesy of U.S. Geologic Survey 베링해협 해저 지형 확대

그렇다면 어떻게 지대가 높은 베링해협에 (3) 호수가 있었을까? 아래 Courtesy of U.S. Geologic Survey 해저 지형도에 (4) 세인트로렌스 섬 서쪽을 보면 해저에 폭이 좁은 수로의 흔적이 확인된다. 앞서 위키백과사전 베링지아 지도에서 강줄기가 표현됐던 (1)과 (2)에는 수백 킬로미터에 달하는 분지가 표현됐다.

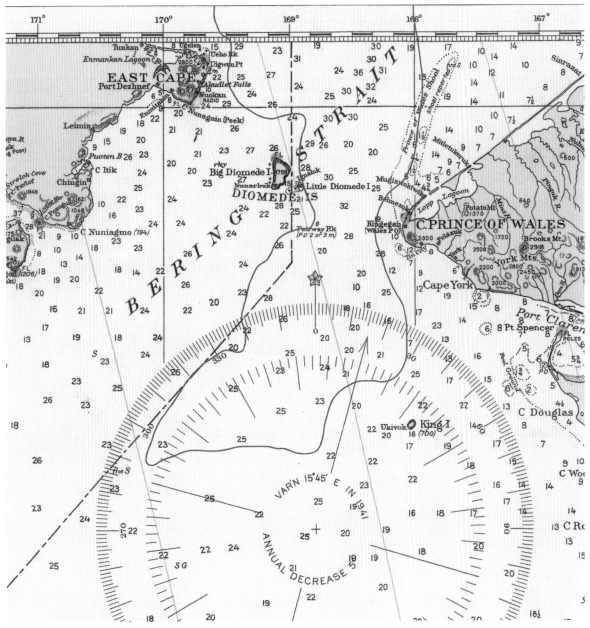

그림 25. 1948 United States Department of Commerce 베링해협 확대

　(3) 지역은 지대가 북쪽 축지해보다 높기 때문에 호수로 북극해가 연결되면 베링해협은 단기간에 형성될 수 있는 여건이다. 그런데 위 United States Department of Commerce의 수심지도를 보면 베링해협 분지에 수심은 대부분 20m-30m로 주위와 큰 차이가 보이지 않는다. 수만 년 이전부터 호수가 있었고 8천 년 이상 북극해가 흘렀는데 어떻게 수심이 비슷한가?

4. 해수면 상승 전 베링해협 지형

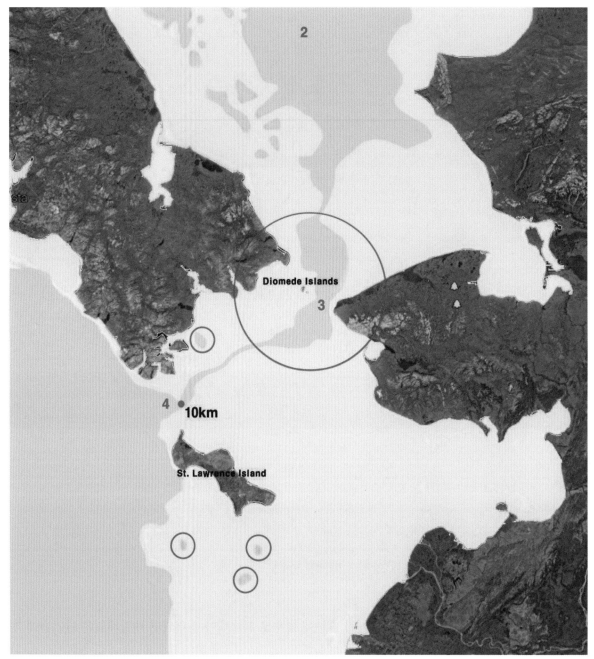

그림 26. 베링해협의 수심은 대부분 25m에 불과하다. 다이오메드 제도(Diomede Islands)의 동쪽에 폭이 좁은 협곡이 형성됐는데 수심이 50m에 불과하다.(사진 제작: 김종문)

위 지도는 Courtesy of U.S. Geologic Survey 베링해협 해저지형을 위성지도에 표현한 지도다. 베링해협 다이오메드 제도 동쪽을 통과한 북극해는 남쪽 세인트 로렌스 섬(St. Lawrence Island) 서쪽에 너비 10㎞정도의 수로를 통해 베링해로 흘렀다. 베링해협 주위 해저에는 원안에 여러 분지들이 분포한다.

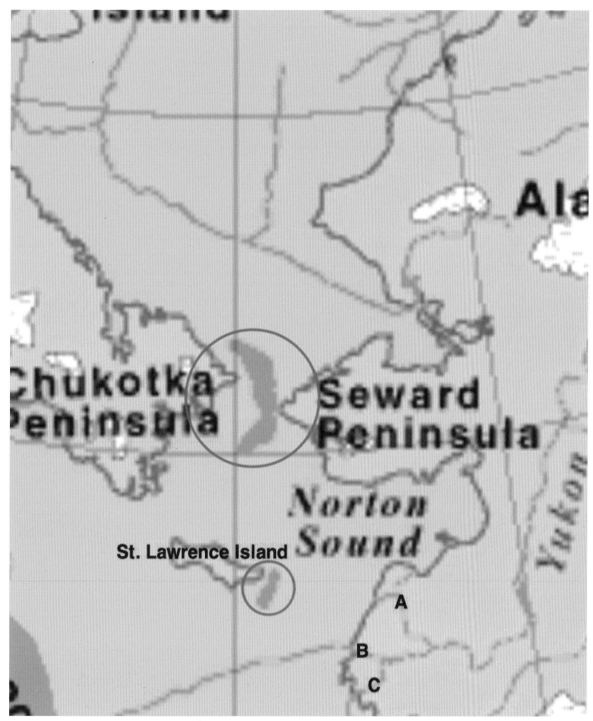

그림 27. 베링지아에는 여러 호수들이 있었다. (사진 제작: 김종문)

　위 지도는 미국 지질조사국에서 제작한 베링지아 지도에 베링해협을 확대한 지도다. 위 지도는 앞서 Courtesy of U.S. Geologic Survey지도와 세인트 로렌스 섬 인근에 호수의 위치가 다르다. 또한 지도상에 유콘강(Yucon River)이 A를 통해 북쪽 노턴사운드(Norton Sound)로 흘러가지 않고 (B) 서쪽과 (C) 남쪽으로만 흘렀다고 표현됐다.

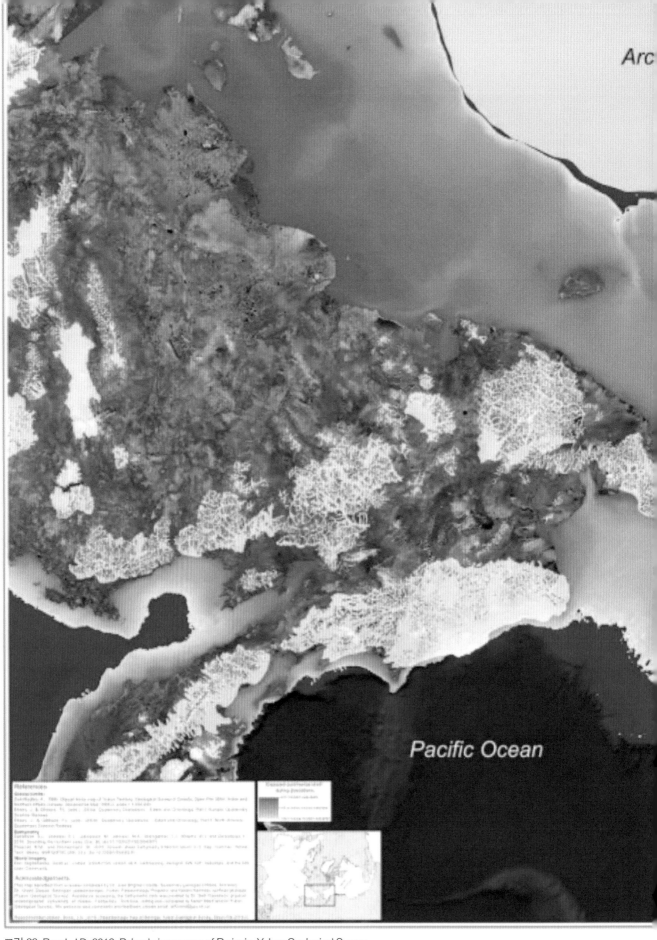

Arc

Pacific Ocean

그림 28. Bond, J.D. 2019. Paleodrainage map of Beringia, Yukon Geological Survey

Paleodrainage map of Beringia
Last Glacial Maximum (~18,000 years ago)

Yukon Geological Survey에서 최근에 디자인된 18,000년 전 마지막 빙하기 베링지아 예상도에 따르면 베링지아에는 수많은 호소들이 있었다.

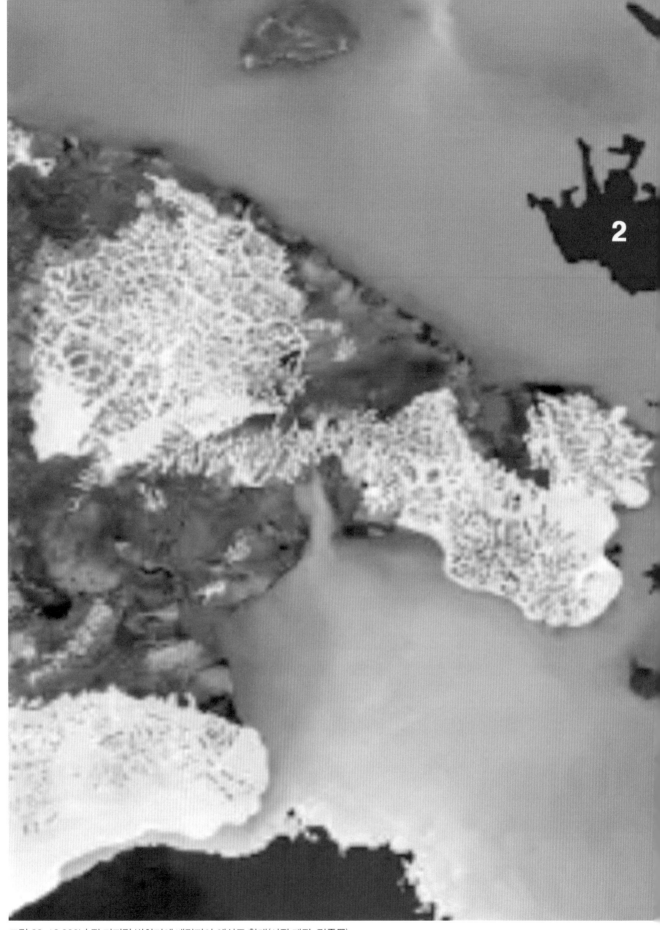

그림 29. 18,000년 전 마지막 빙하기에 베링지아 예상도 확대(사진 제작: 김종문)

Norton Sound에 수많은 호소들이 있었던 이유는 거대한 유콘강이 흘렀기 때문이다. 7번-9번 호수들은 주위보다 지대가 높은 세인트로렌스 섬 주위에 생뚱맞게 위치했다. 인위적인 호수들로 예상된다.

그림 30. 베링해 해저지형도(지도 출처: 1972년 U.S. Geological Survey, 사진 제작: 김종문)

위 1972년 U.S. Geological Survey지도를 보면 앞서 Yukon Geological Survey 18,000년 베링지아 지도에서 해저에 호소들이 표현된 지역은 협곡과 분지들이 확인된다.

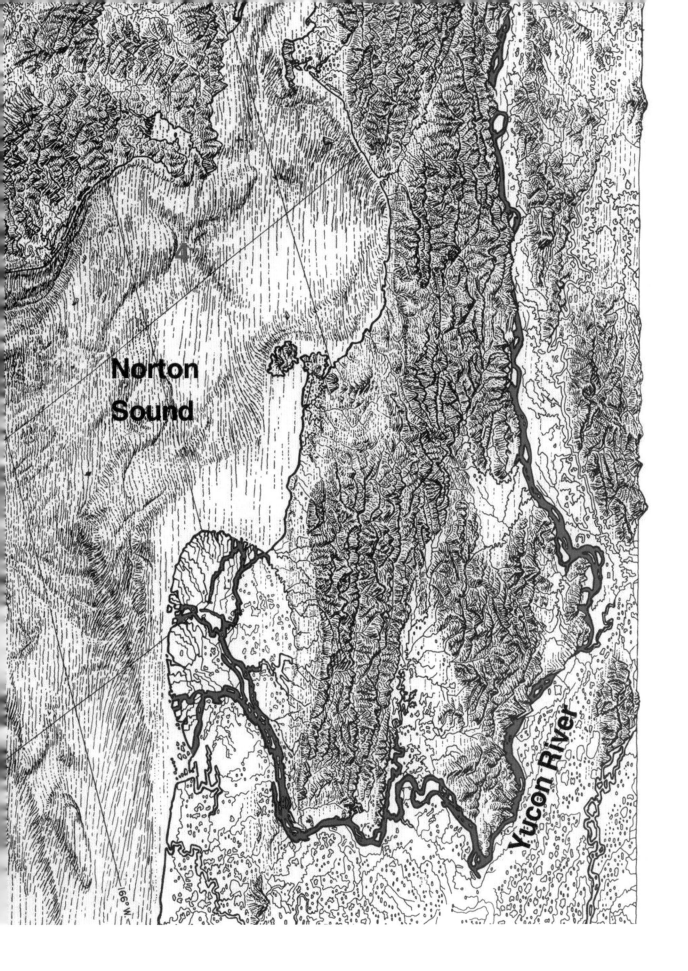

지도상에 파란색으로 채색된 유콘강을 Norton Sound에 있던 호소로 연결하여 수심이 20m 낮았던 시기의 지형을 복원해 보자.

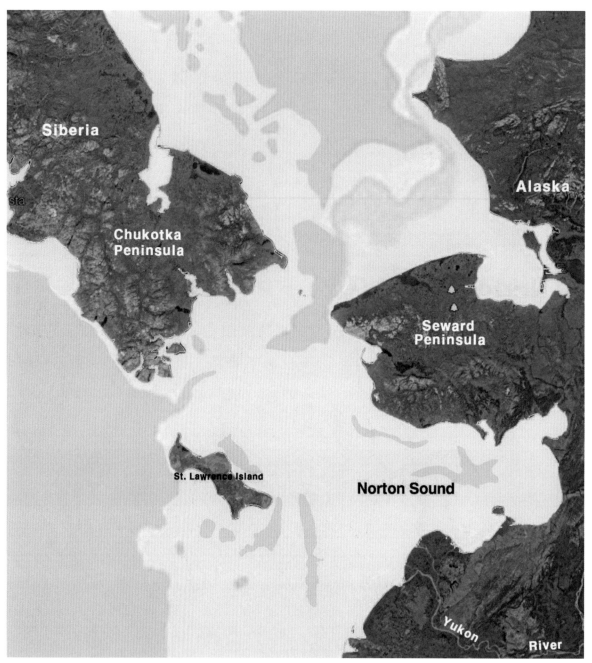

그림 31. 해수면이 25m 낮았던 시기 베링해협 지형 예상도(사진 제작: 김종문)

해수면 상승 전 다이오메드 제도에서 세인트 로렌스 섬의 사이에는 100㎞ 정도의 광활한 평야가 있었다. 베링해협으로 흘러내린 북극해는 수 킬로미터의 폭이 좁은 수로를 100㎞나 지나야 베링해에 이르렀기 때문에 극히 한정적인 수량만 흘렀을 것이다. 평야 동쪽 알래스카에 유콘강은 너비가 1㎞가 넘는 거대한 강으로 수량이 막대하여 홍수기에 Norton Sound는 홍수가 빈발하는 습지였을 것이다. 세인트로렌스섬 인근에 여러 호소들이 분포하는데 배의 운항을 위한 포구의 흔적들로 예상된다.

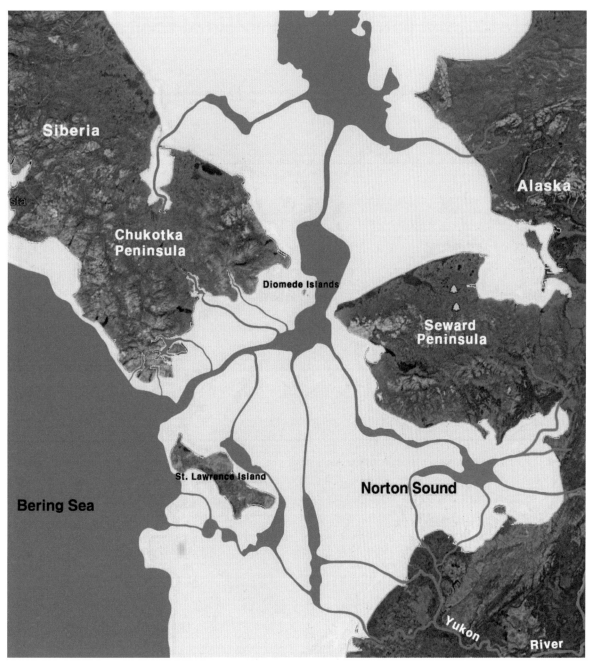

그림 32. 해수면이 25m 낮았던 시기 베링해협 지형 예상도(사진 제작: 김종문)

　수심이 25m 정도 낮았던 시기까지도 베링해협은 위와 비슷하게 대부분 육지였다. 원래 미대륙과 아시아는 하나의 대륙이었다. 중간에 수킬로미터에 불과했던 수로가 변하여 현재의 베링해협이 됐음은 의심의 여지가 없다. 수심이 10m만 낮아져도 베링해협은 절반에 가까운 바다가 육지로 변할 것이다.

5. 서양지도상에 베링지아는 18세기까지 존재

그림 33, 1531 Orontius Fineus

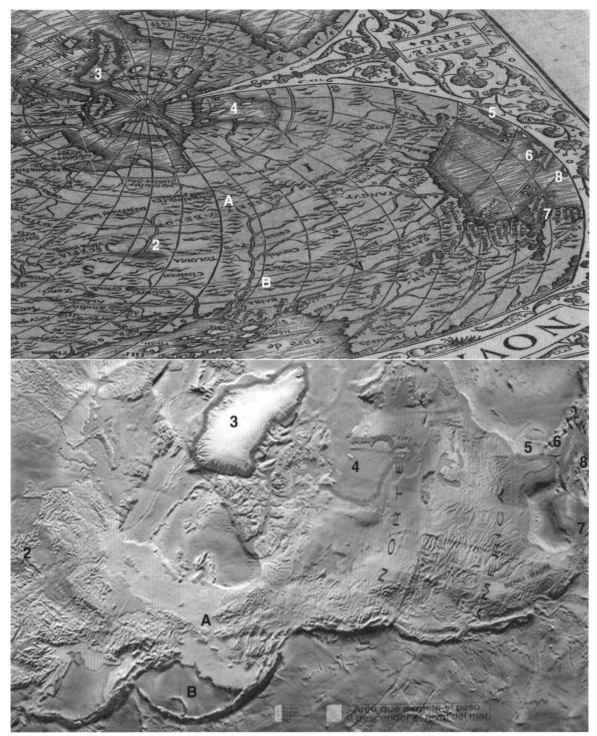

그림 34. (상) 1531년 Orontius Fineus, (하) ucsd.edu 베링지아 예상도 주요지명 채색, 2: 바이칼호수(Sericare), 3: 그린란드(Gronelant), 4: 허드슨 만(Hudson Bay), 5: 플로리다(Florida), 6: 유카탄(Fucatana), 7: 쿠바(Cuba), 8: 자마이카(Jamaica), 9: 도미니카(Dominica), A: 베링해협, B: 베링해지역(사진 제작: 김종문)

위 1531년 오론테우스 피네우스(Orontius Fineus) 지도에 시베리아에 바이칼호수와 그린란드 허드슨만 등 북극권의 지리정보는 실제와 일치한다. 베링해협은 표현되지 않았고 커다란 강줄기 (A)가 표현됐다.

그림 35. 1590년 기아코모 프랑코(Giacomo Franco), 1: 카스피 해(Caspium), 2: 바이칼호수(Sericare), 3: 그린란드(Gronelant), 4: 허드슨 만(Hudson Bay), 5: 플로리다(Florida), 6: 유카탄(Fucatana), 7: 쿠바(Cuba), 8: 자마이카(Jamaica), 9: 도미니카(Dominica), 10: 케로로엘 실로리(Gelolo uel Siloli, 현 캘리포니아), 11: 베링해 지역(사진 제작: 김종문)

위 1590년~현재와 일치한다. 16세기 베링지아를 표현한 지도들은 근대의 지도와 비교해도 전혀 뒤떨어지지 않는다.

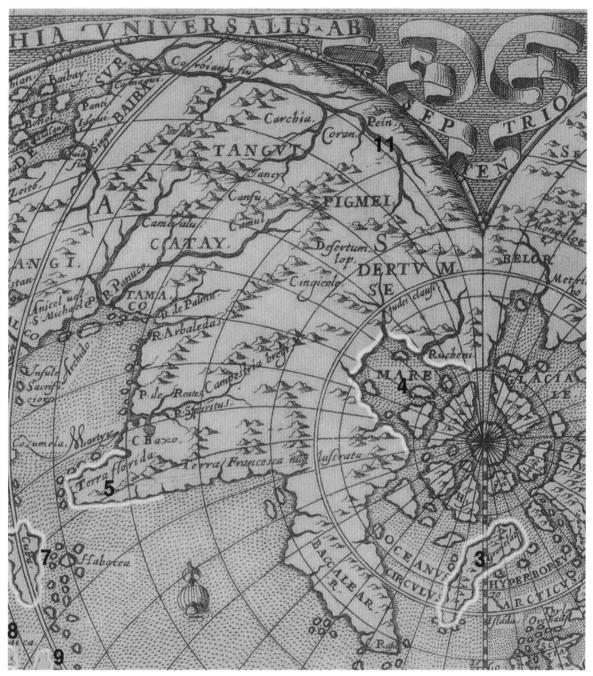

그림 36. 1590년 기아코모 프랑코(Giacomo Franco), 3: 그린란드(Gronelant), 4: 허드슨 만(Hudson Bay), 5: 플로리다(Florida), 7: 쿠바(Cuba), 8: 자마이카(Jamaica), 9: 도미니카(Dominica), 11: 베링해 지역(사진 제작: 김종문)

이러한 지도들은 동시기 여러 제작자들에 의해 제작되었다. 위의 지도대로라면 16세기에 베링지아 면적은 현재 바다인 베링해와 북태평양 북부가 육지로 표현됐으므로 현재의 베링지아보다 2배 가까운 면적이었다.

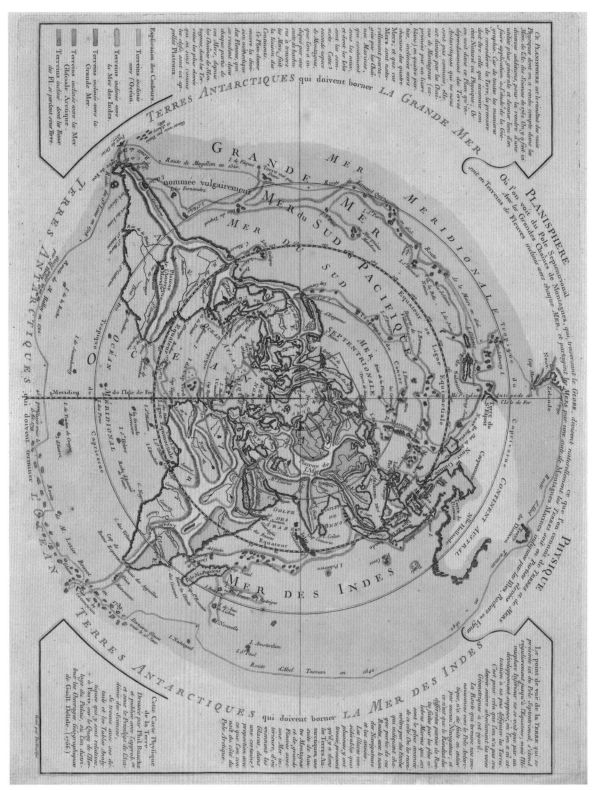

그림 37. 1756년 필립 뷔아슈(Philippe Buache)

또한 베링지아를 표현한 지도들은 현대적인 지도 제작이 실시되던 18세기 지도에도 대량으로 제작
됐다. 위 1756년 필립 뷔아슈(Philippe Buache)지도에 베링해협 인근에 축치해(Chukchi Sea)와 베링해
(Bering Sea)는 육지로 표현됐다. 지도상에 캄차카반도 등 극동아시아의 지형은 실제와 일치한다.

coastline 20,000 Cal year BP

Bering Sea

그림 38. (상) 21,000년 전에 베링육교(지도 출처: Wikipedia), (하) 1756년 필립 부아케(Philippe Buache)

1756년 Philippe Buache지도에 베링지아 지역을 확대해 보니 베링지아의 면적은 16세기 지도들보다 작아졌지만 현재의 베링지아와 비슷했다. 현 베링지아 이론에서 20,000년 전 마지막 빙하기 이전에도 베링해는 육지로 표기됐다.

그림 39. 1783 J.A. Dezauche

위 1783년 드죠서(J.A. Dezauche) 지도를 보면 시베리아에 (1) 바이칼호수(Lake Baikal)가 정확하게 표현됐다. 또한 (2) 노바야젬랴(Novaya Zemlya), (3) 캄차카반도(Kamchatka), (4) 그린란드(Greenland), (5) 허드슨 만(Hudsons Bay) 등이 실제적으로 표현됐다. 그런데 (6) 베링해(Bering Sea)는 현재와 반대로 육지로 표현했다. 아래와 비슷한 지도들은 소수가 아니라 대량으로 존재한다.

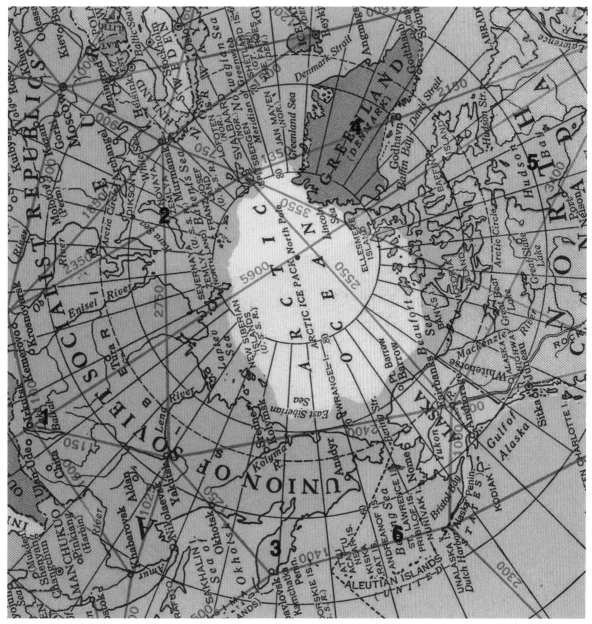

그림 40. 1943 Matthews-Northrup Division

베링지아를 표현한 18세기 서양지도들에 지형은 20세기 서양지도들과 비교해도 크게 뒤떨어지지 않는다. 위 1943년 Matthews-Northrup Division지도와 비교하면 1번~5번의 지형은 비슷하며 (6) 베링해가 육지에서 바다로 변했음을 알 수 있다. 19세기 이후 베링해를 육지로 표현하거나 베링지아가 사라져가는 모습이 담긴 지도는 보이지 않는다.

6. 결론

현 세계사에서 미대륙 원주민들은 130,000년 전 아프리카에서 발생하여 아시아에 퍼져 살던 인류가 약 2만~3만 5,000년 전 육지였던 베링해협과 베링해 등을 통과하여 미대륙으로 이주한 인류의 후손들이다. 베링육교 이론에 따르면 마지막 빙하기였던 12000년 이후 베링지아는 해수면 상승으로 수천 년에 걸쳐 사라졌다. 베링지아 이론에 따르면 베링해협이 만들어진 시기는 약 8,000년 전이고 해수면이 현재와 비슷해진 시기는 4,000~5,000년 전이다. 수많은 학자들을 이구동성으로 주장하기에 인류는 의심조차 하지 못했다.

세계사에서 베링해협은 85㎞이다. 그러나 베링해협은 중간에 다이오메드 제도가 위치하여 서로의 거리가 36㎞에 불과하다. 36㎞는 눈으로 보이는 매우 가까운 거리다. 실제 베링해협 미국 알라스카와 러시아 축치자치구는 맑은 날 육안으로 잘 보인다. 러시아가 베링탐사로 알래스카를 발견한 1741년 이전에는 아시아에서 미대륙과 알라스카의 존재조차 몰랐다는 주장은 명백한 거짓이다.

대항해시대에 제작됐다는 서양지도들 중 다수는 세계사에 베링지아보다 더 광범위한 면적을 육지로 표현했다. 또한 18세기 서양지도 대다수에도 축지해와 Norton Sound(노턴사운드)가 육지로 표현됐으며, 베링해에 거대한 반도가 표현됐다. 18세기 베링해를 육지로 표현한 서양지도들은 베링육교 이론이 사기임을 명백히 증거한다.

필자가 '고지도조작'에서 발표하겠지만 현재 유통되는 전 세계의 고지도들은 대부분 동아시아였던 미대륙을 신대륙으로 조작하기 위해 후대에 제작된 가짜지도들이다. 필자는 근세기에 세계대전들을 거치면서 지구의 헤게모니는 장악한 세력들이 합의하여 세계사 조작이 실시됐으며, 거짓된 베링육교 이론 등이 조작됐으리라 예상한다. 어째서 아시아와 하나의 대륙이었던 미대륙이 역사적 지리적으로 분리된 것인지 대한 추가적인 연구가 필요하다.

2부

18세기 베링해는
육지였다

현 세계사에 신대륙AMERICA와 아시아의 중간에 위치한 베링해는 태곳적부터 바다였다. 그러나 현대적인 지도 제작이 실시되던 18세기 서양지도들에도 베링해는 육지로 표현됐다. 본 연구는 18세기 지도들 중 베링해를 육지로 표현한 지도들이 실제의 지리정보를 반영했음을 규명하기 위해 실시됐다.

1. 18세기 서양지도들에 베링해는 육지

그림 41. 1710 Johann Baptist Homann

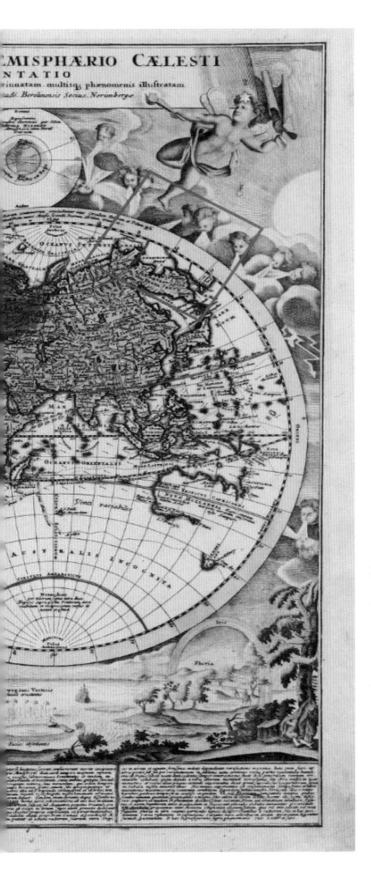

미대륙과 아시아의 중간에 위치한 베링해(Bering Sea)는 수만 년도 더 이전부터 바다였다. 그러나 18세기 서양에서 제작된 지도들에 베링해는 육지로 표현됐다. 위 지도는 18세기 독일의 저명한 지리학자이자 지도제작자였던 요한 밥티스트 호만(Johann Baptist Homann, 1664~1724)이 1710년 제작한 지도다. 지도상에 베링해는 폭이 좁은 해협으로 표현됐다. 필자는 위 지도와 비슷한 유형의 지도들을 세계사 조작을 위해 근세기에 제작된 가짜지도로 예상한다. 그럼에도 언급하는 이유는 일관되게 베링해를 육지로 표현했기 때문이다.

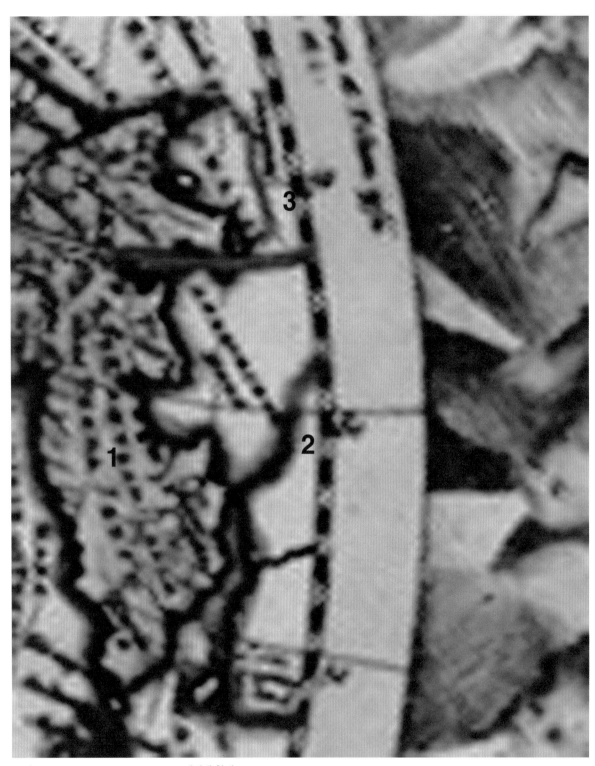

그림 42. 1710 Johann Baptist Homann 베링해 확대

　지도에 베링해 지형을 확대하여 현 지형과 비교해 보자. 지도상에 (1) 캄차카반도는 현재와 비슷하게 표현됐고, (2) 베링해는 바다가 아니라 육지로 표현됐다. 베링해협 동쪽 (3)지역은 현재 바다지만 육지로 표현됐고, (4) 베링해와 캄차카반도의 사이에는 폭이 좁은 해협이 길쭉하게 표현됐다.

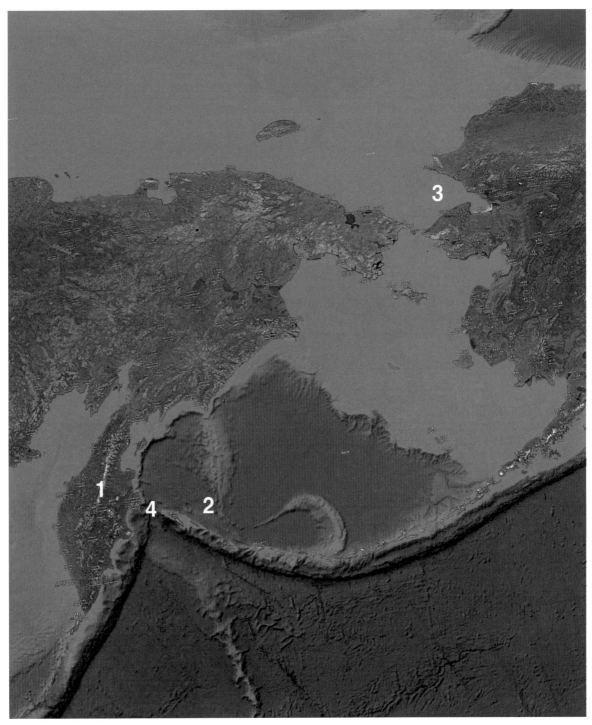

그림 43. 구글 위성지도 상에 베링해 전경

현재 바다인 (2) 베링해를 육지로 표현한 것을 보고 부정확한 지리정보에 의한 오류라고 이해할 수도 있다. 그러나 비슷한 지도들은 1760년대까지 다수가 확인된다. 세계사에서 베링해는 18세기 초 러시아가 베링탐사를 실시하기 전에는 미지의 세계였다. 알래스카는 1741년에야 베링탐사로 발견되어 유럽에 알려진 신대륙이었다. 베링탐사가 허구임을 《해수면의 비밀 2》 권에서 상세히 살펴보겠다.

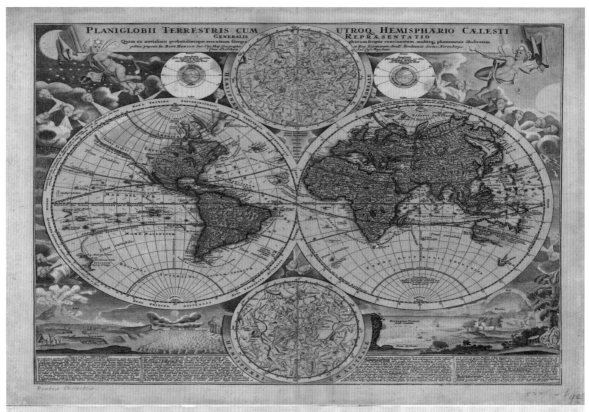

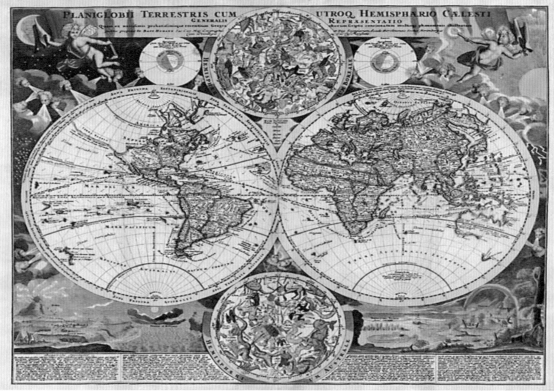

그림 44. (상) 1716 Johann Baptist Homann, (하) 1720 Johann Baptist Homann

Johann Baptist Homann이 수십 년 동안 제작했다는 지도들은 수십 개 이상이 검색이 된다. 모두 동일한 지도를 인쇄하여 채색만 다르게 제작됐다.

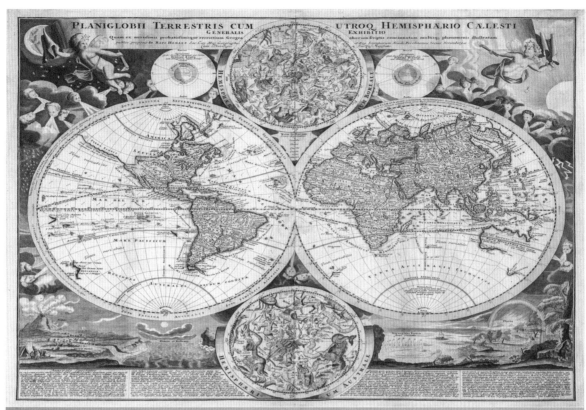

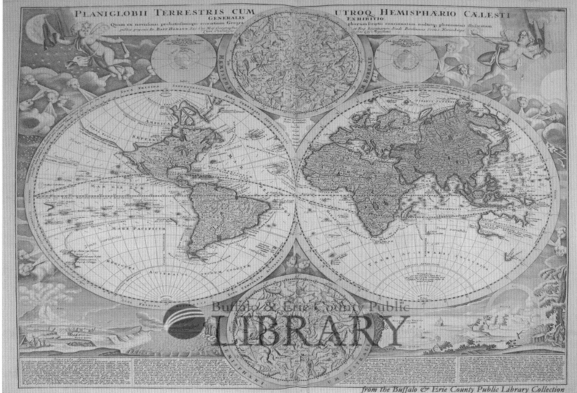

그림 45. (상) 1730 Johann Baptist Homann, (하) 1739 Johann Baptist Homann

위 1739년 지도는 1차 베링탐사(1725-1730) 이후에 제작됐다. 그럼에도 캄차카반도 동쪽 수십 킬로미터 가까운 거리에 거대한 육지가 표현됐다.

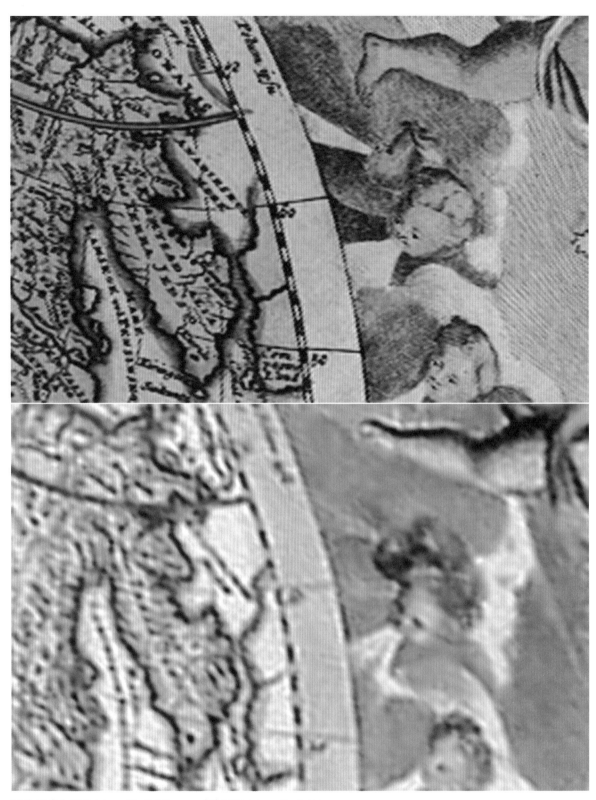

그림 46. (상) 1716 Johann Baptist Homann, (하) 1720 Johann Baptist Homann

Johann Baptist Homann 지도들은 학계에서 정상적인 지도로 유통되고 있다. Johann Baptist Homann 이 베링해를 육지로 오인했다면 1725~1730 실시된 1차 베링탐사에서 캄차카반도 인근 해양에 대한 정확한 지리정보가 발생한 이후에 제작된 지도들은 오류가 수정되었어야 한다. 그러나 이후의 지도들도 수십 년 동안 동일했다.

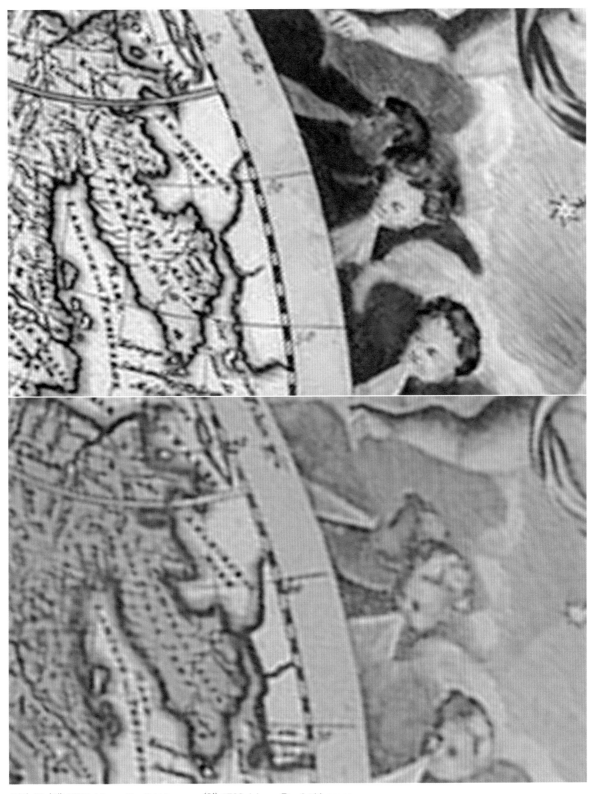

그림 47. (상) 1730 Johann Baptist Homann, (하) 1739 Johann Baptist Homann

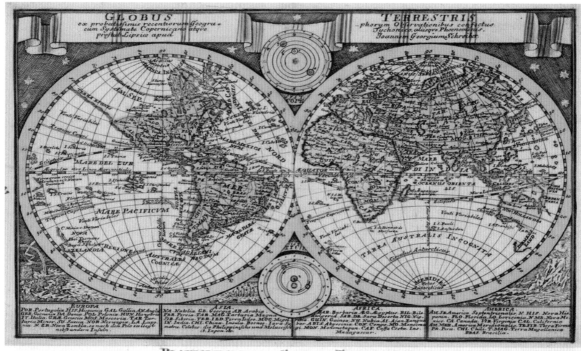

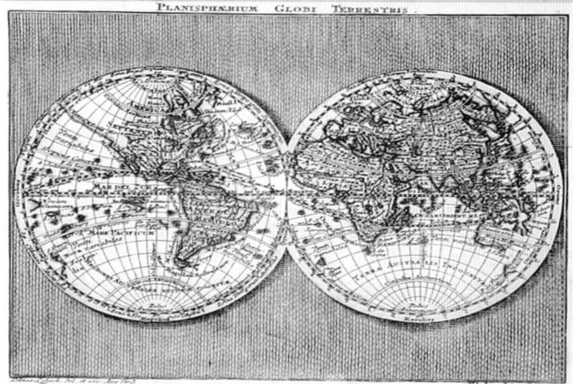

그림 48. (상) 1740 Johann George Schreiber, (하) 1762 Tobias Conrad Lotter

　다음 1740년 Johann George Schreiber와 1762년 Tobias Conrad Lotter 지도는 앞서 Johann Baptist Homann 지도와 지리정보가 동일하다. 베링해를 육지로 표현한 18세기 지도들이 오류의 산물이라면 어째서 1762년 Tobias Conrad Lotter 지도에 베링해가 육지로 표현되고 캄차카반도 동쪽에 폭이 좁은 해협이 표현됐을까?

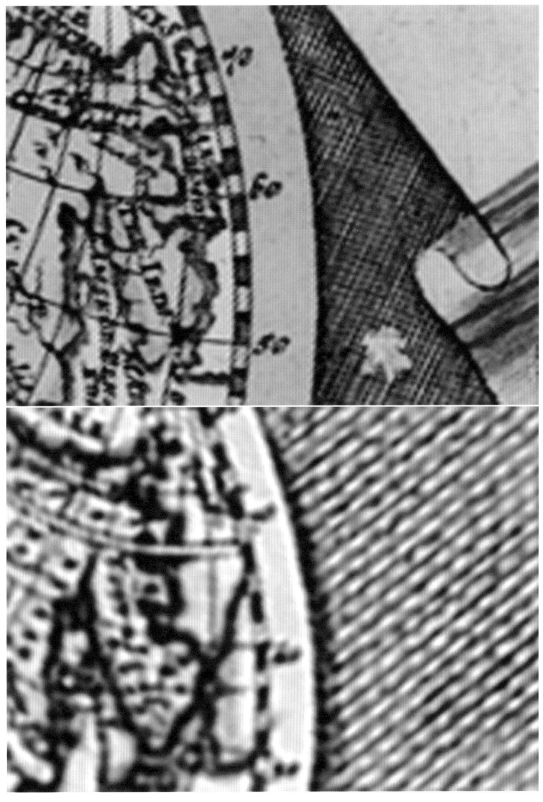

그림 49. (상) 1740 Johann George Schreiber, (하) 1762 Tobias Conrad Lotter

1762년은 러시아가 베링탐사를 통해 알래스카를 발견한 1741년에서 21년이나 지난 시기다. 베링탐사가 허구임은《해수면의 비밀 2》권에서 자세히 반박하겠다.

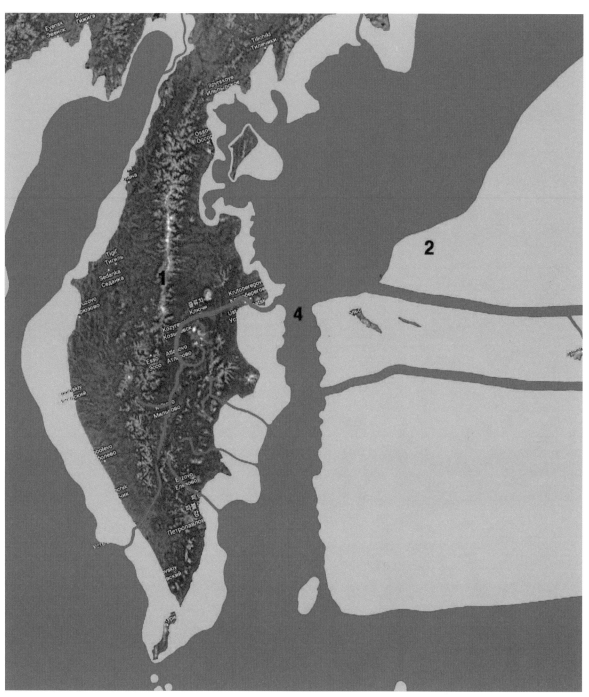

그림 50. 1716 Johann Baptist Homann 지도 베링해 지형 복원도(사진 제작: 김종문)

Johann Baptist Homann 지도를 현 지형에서 복원해 보면 현재의 알라스카는 (1) 캄차카반도의 동쪽 인근까지 육지로 연결됐다. 현재 바다인 (2) 베링해의 대부분은 육지였다. 베링해와 캄차카반도의 사이 에는 폭이 좁은 (4) 해협이 길쭉하게 있었다.

그림 51. 1746 Philippe Buache

　서양지도상에 (4) 해협은 점차 넓어진 것으로 표현됐다. 1740년대가 되면 베링해의 지형을 더욱 정교하게 표현한 필립 뷔아슈(Philippe Buache, 1700~1773)의 지도들이 등장한다. 1746년 Buache 지도에 베링해협은 북극해로 통하는 해협(Det. du Nord)으로 표기됐고 캄차카반도에는 Kamtchatka가 커다랗게 표기됐다. 육지였던 베링해와 캄차카반도 사이에 바다는 앞서 Johann Baptist Homann 지도보다 넓어졌다.

그림 52. 1752 Philippe Buache

베링해를 육지로 표현한 Johann Baptist Homann 지도들이 부정확한 지리정보의 산물이라면 어째서 Philippe Buache 지도들에 베링해가 육지로 표현됐을까?

위 1752년 Buache 지도에도 베링해는 육지로 표현됐다. 지도는 현대의 지도와 유사하게 제작됐다. Philippe Buache는 지도학자인 장인 기욤 드릴 밑에서 일한 뒤 1729년 프랑스 왕궁 지리학자가 되었다. Buache는 최첨단의 지리정보들을 습득하여 지도상에 반영할 수 있는 여건이었다. Buache는 지도에서 기복을 표현하는 방법으로 등고선을 사용하는 데 있어 선구적 역할을 했다.

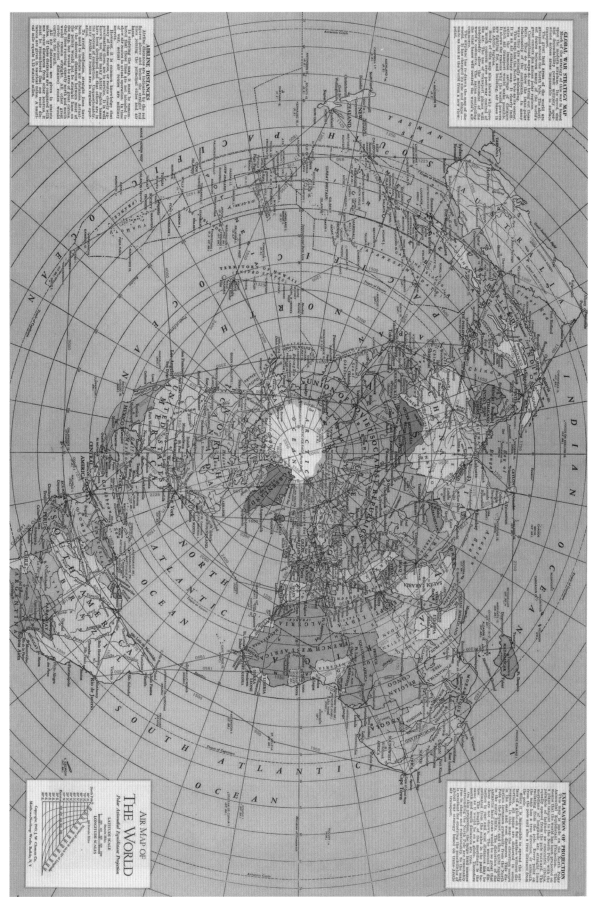

그림 53. 1943 Matthews Northrup Division

그림 54. 1752 Philippe Buache 북반구 확대

1752년 Philippe Buache 지도와 1943년 Matthews Northrup Division 지도에서 북극권을 중심으로 지형을 비교해 보자. Buache 지도에 북미 (1) 그린란드(Greenland)와 (2) 허드슨만(Hudson Bay)의 지형은 Matthews 지도와 유사하다. 북미 (3) 네바다(Nevada)는 현재 사막이지만 내해(內海)로 표현됐고, (4) 축치해(Chukchi Sea) 지역과 (6) 베링해(Bering Sea)는 현재와 다르게 육지로 표현됐다. 알래스카 북부 (7) 보퍼트 해(Beaufort Sea)에는 그린란드로 흘렀던 커다란 강이 표현됐다.

그림 55. 1943 Matthews Northrup Division 북반구 확대

(8) 캄차카반도의 남쪽 바다에 가마섬(Terre de Gama)이 표기됐다. 1752년 Philippe Buache 지도
와 동일한 지형의 지도들은 18세기 말까지 다수가 확인된다. 지도대로라면 18세기에 육지였던 베링해
(Bering Sea), 축치해(Chukchi Sea), 보퍼트 해(Beaufort Sea), 가마섬(Terre de Gama)은 수백 년도 안 되
어 바다가 된 것이다.

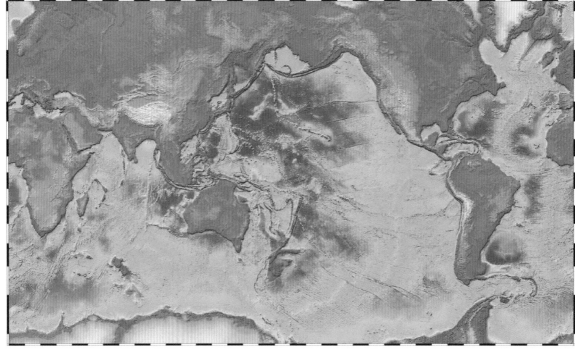

그림 56. (상) 1757 Philippe Buache, (하) 1996 David T. Sandwell

필립 뷔아슈(Philippe Buache)의 1757년 지도에는 지구에 산맥들이 표현됐는데 실제의 산맥들과 대부분 일치했다. 현재 뷔아슈 지도에 육지로 표현된 베링해협과 축지해의 수심은 대부분 50m 이하다. David T. Sandwell 1996년 지도를 보면 현재의 베링해협과 베링해 북부는 대부분 수심이 낮아서 붉은 색의 대륙붕으로 표현됐다.

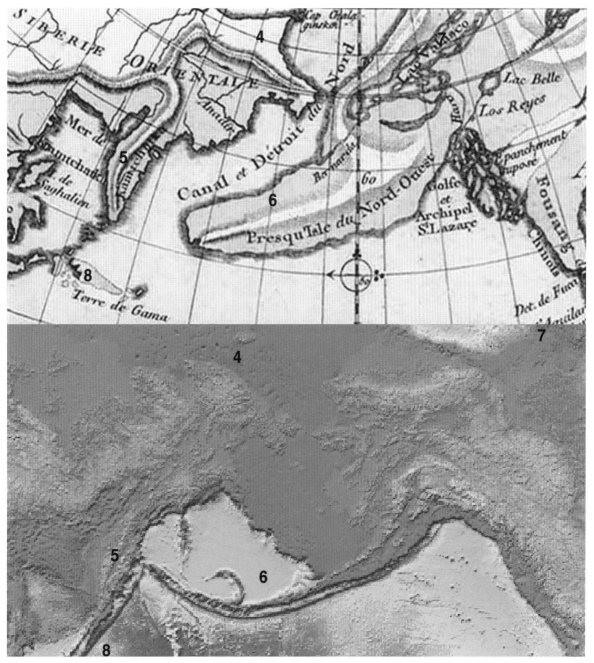

그림 57. (상) 1757 Philip Buache, (하) 1996 David T. Sandwell

　다음은 1757년 Philippe Buache 지도와 1996년 David T. Sandwell 지도다. 뷔아슈 지도에 (5) 캄차카의 지형은 현재와 동일하며, 대륙붕인 (4) 축치해는 육지로 표현됐다. (6)번 베링분지는 18세기 지도들에 육지로 표현됐는데 현재는 평균 수심이 1600m, 최대 수심은 4100m로 알려졌다. 분지의 수심이 조작됐을 가능성이 높아 보인다. (7) 알래스카 북부에 Lac Valasco는 현재는 사라졌다. (5) 캄차카반도의 남쪽 바다에 (8) 가마섬(Terre de Gama)은 부아케 지도에 암초처럼 모호하게 표현됐는데 현재는 지리정보가 완전히 지워졌다.

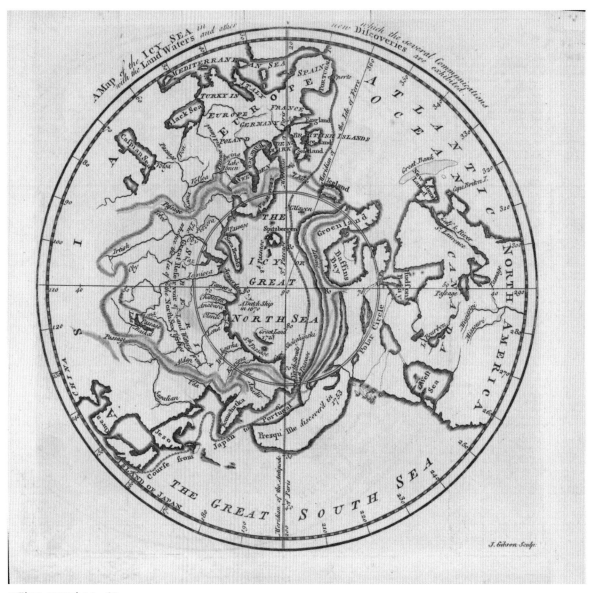

그림 58. 1760년 John Gibson

　베링해를 육지로 표현한 지도들은 뷔아슈뿐 아니라 동시기 여러 제작자들에 의해서도 제작됐다. 아래
는 영국의 지리학자인 존 깁슨(John Gibson)의 1760년 지도다. 깁슨은 베링해와 북극해 인근의 지형을
매우 사실적으로 표현했는데 현대의 지도와 비교해도 크게 뒤떨어지지 않는다.

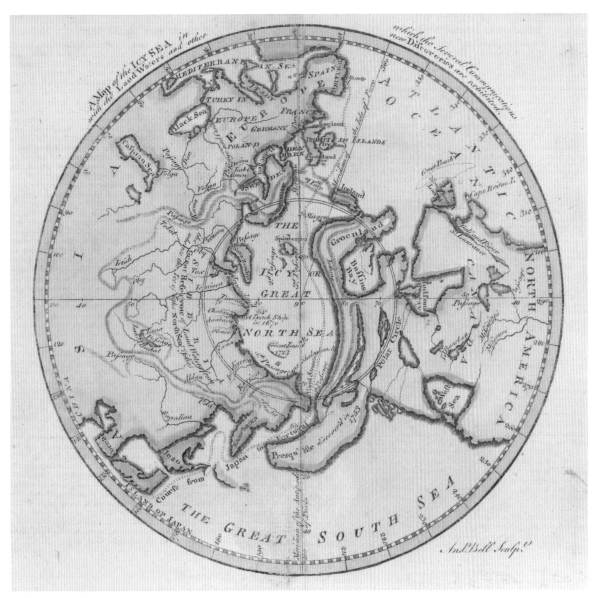

그림 59. 1770년 Andrew Bell

　앞서 언급했듯 18세기는 실제의 정확한 지리정보를 기반한 현대적인 지도 제작이 실시됐다. 지금도 그렇지만 과거 대항해시대나 18세기 지도의 제작은 국가가 특별히 관리하는 중요한 사업이었고 지도제작자들은 당대의 지식인들이었다. 아래는 스코틀랜드의 앤드류 벨(Andrew Bell)이 1770년에 재작했다는 지도다. 지도는 앞서 John Gibson의 1760년 지도와 완전히 동일한 지도에 채색만 다르게 됐다. 두 지도가 정상적인 지도들이라면 어떻게 10년의 차이가 발생하는데 서로 다른 나라에 제작자들이 글자 하나도 다르지 않게 지도를 제작해서 제작자의 이름만 다르게 했을까?

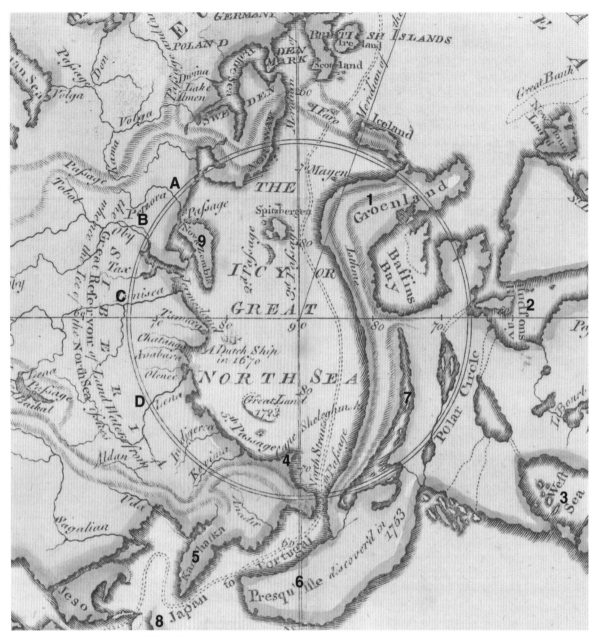

그림 60. 1770 Andrew Bell 북반구 확대

　지도를 확대해 보면 (1) 그린란드(Groenland), Baffins Bay(배핀 만), (2) 허드슨 만(Hudsons Bay)
는 현재와 지명과 지형이 동일하다. (5) 캄차카 반도(Kamchatka)와 (9) 노바야 젬야(Nova Zembla, 현
Novaya Zemlya)는 지형이 동일하다. (6) 베링해(Bering Sea)에는 "Presqu Isle discovered in 1753"라고
표기됐다. 필자는 육지였던 베링해를 1753년에 발견했다는 기록은 신뢰하지 않는다. 다만 베링해의 지
형을 알 수 있는 자료로 제시한다. (7) 알래스카 북부에 커다란 호수가 표현됐다.

그림 61. 1780 J.A. Dezauche 북반구 확대

1773년 뷔아슈가 사망한 이후로도 여러 제작자들이 동일한 내용의 지도들을 제작했다. 위 드죠셔 (J.A. Dezauche)의 1780년 지도는 뷔아슈의 지도를 기반으로 제작되어 지리정보가 동일하다. 만약 베 링해를 육지로 표현한 뷔아슈의 지도들이 오류의 산물이라면 그가 사망한 이후 여러 제작자들이 동일한 지도들을 제작했을 리 없다.

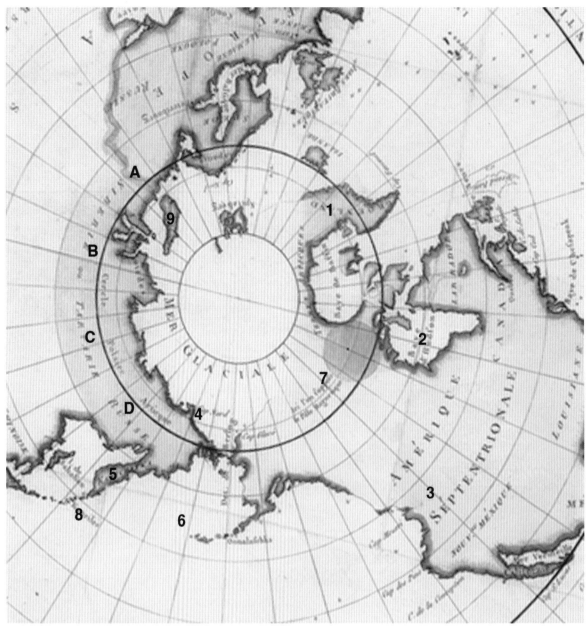

그림 62. 1780 Claude Buffier 북반구 확대

위 1780년 크라우드 뷔피에(Claude Buffier) 지도는 앞서 1780년 드죠서(J.A. Dezauche)와 동일년도에 제작된 지도다. 드죠서 지도에 육지로 표현됐던 베링해를 바다로 표현하고, 북극권은 지리정보가 부족한 듯 모호하게 표현됐다. 세계사에서 뷔피에는 드죠서와 동일하게 프랑스에서 활동하던 지도제작자였다. 위 뷔피에 지도는 북극권의 지리정보가 부정확해서 정확한 지도를 제작하지 못했다는 인식을 주기 위해 근세기에 제작된 가짜지도로 예상된다.

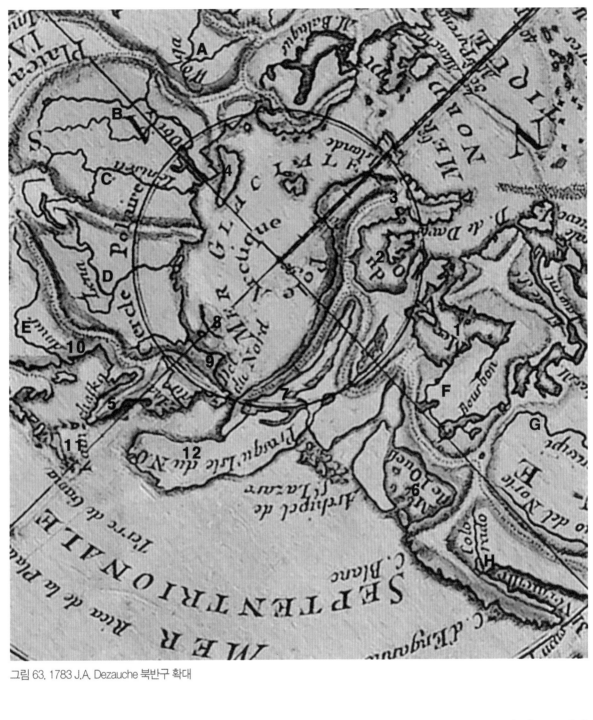

그림 63. 1783 J.A. Dezauche 북반구 확대

　베링해를 육지로 표현한 지도들은 1780년대 이후 극히 드물다. 위 J.A. Dezauche 1783년 지도는 베링 탐사로 알래스카가 발견됐던 1741년 이후 42년이나 경과된 시기다. 세계사에서는 1780년대는 러시아가 알래스카를 모피산지로 개발하던 시기로 정확한 지도 제작이 이루어지던 시기다. 그럼에도 베링해는 여전히 바다가 아니라 육지로 표현됐다. 18세기 서양인들이 베링해를 육지로 인식했음은 의심의 여지가 없다.

2. 18세기 베링해 연도별 조작사례_1740년

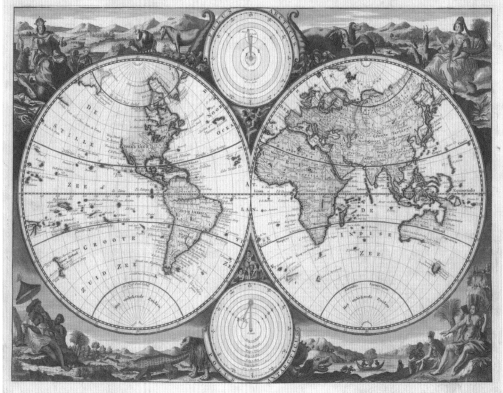

그림 64. (상) 1740 Jean Covens, (하) 1740 Jan Van Jagen

세계사에서 18세기는 정확한 지리정보를 반영한 현대적이고 정확한 지도가 제작되던 시기다.

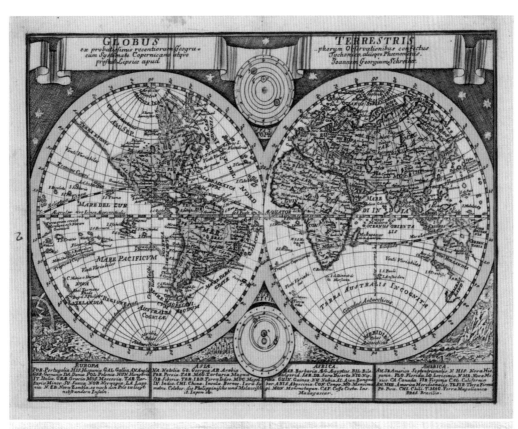

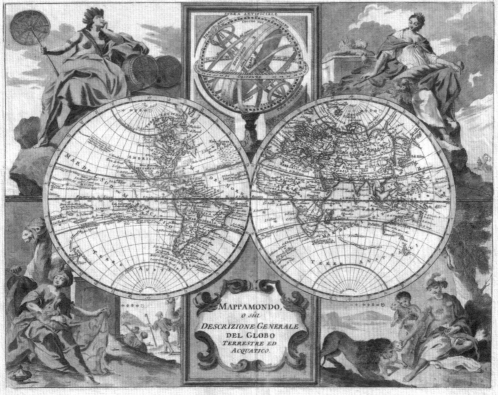

그림 65. (상) 1740 Johann George Schreiber, (하) 1740 G. B. Albrizzi

그럼에도 18세기 지도들은 대부분 일관성이 결여되어 신뢰할 수 없다.

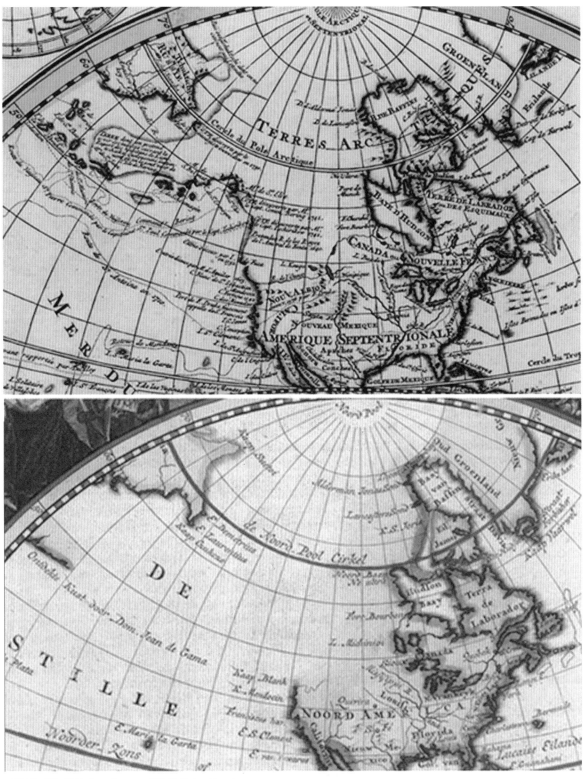

그림 66. (상) 1740 Jean Covens, (하) 1740 Jan Van Jagen

위 지도들은 1740년 유럽에서 제작됐다는 지도들이다. 지도들을 제작한 Jean Covens, Johann George Schreiber, Jan Van Jagen, Mattheus Seutter, Nicolas de Fer, G. B. Albrizzi 등은 모두 동시기에 활동하던 지도제작자들이다. 그럼에도 베링해를 모두 다르게 표현했다.

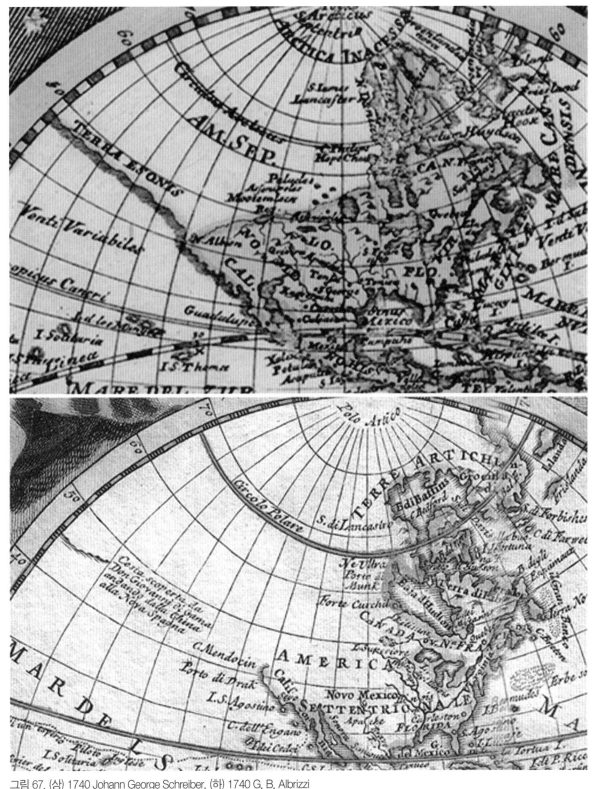

그림 67. (상) 1740 Johann George Schreiber, (하) 1740 G. B. Albrizzi

지형을 살펴보면 Jean Covens 지도는 베링해의 지형을 온전히 표현했다. 그러나 나머지 제작자들은 지리정보가 부정확한 듯이 지형을 엉터리로 표현하거나 공백으로 처리했다. 이러한 차이는 18세기 서양 제작 지도들에서 공통적으로 발견된다. 너무나 많은 사례들이 있으니 몇 가지만 더 살펴보자.

3. 18세기 베링해 연도별 조작사례_1752년

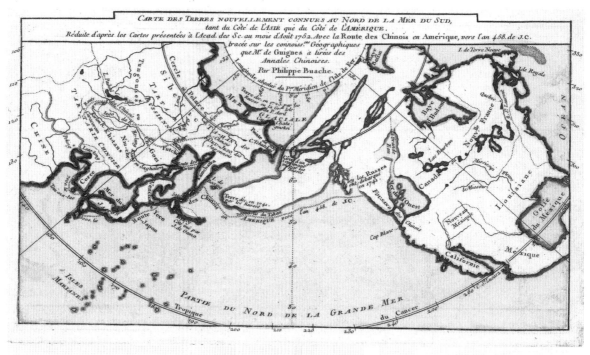

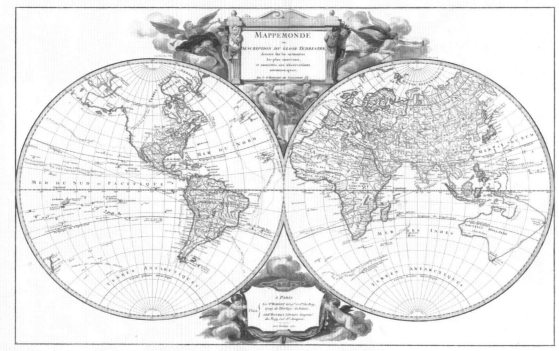

그림 68. (상) 1752 Philippe Buache (하) 1752 Gilles Robert de Vaugondy

위 좌측 지도들은 1752년 서양지도들 중 베링해를 육지로 표현한 지도들이고, 우측은 베링해를 바다로 표현한 지도들이다. 세계사에서 1750년대는 1741년 베링탐사 이후로 베링해에 대한 정확한 지리정보가 축적됐던 시기다.

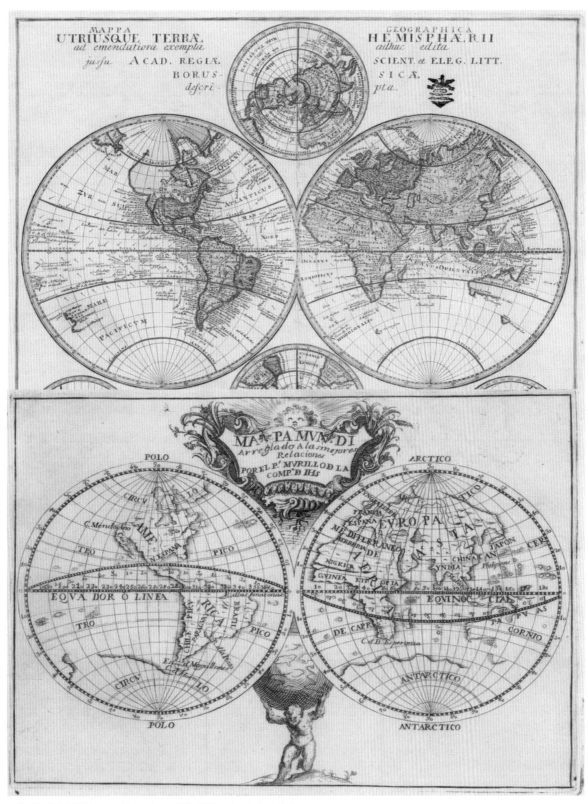

그림 69. (상) 1752 Leonard Von Euler, (하) 1752 Gilles Robert de Vaugondy

　그럼에도 지도들 중에는 현재와 다르게 베링해를 육지로 표현한 지도들이 대량으로 존재하며, 반대로 바다로 표현한 지도들도 대량으로 존재한다.

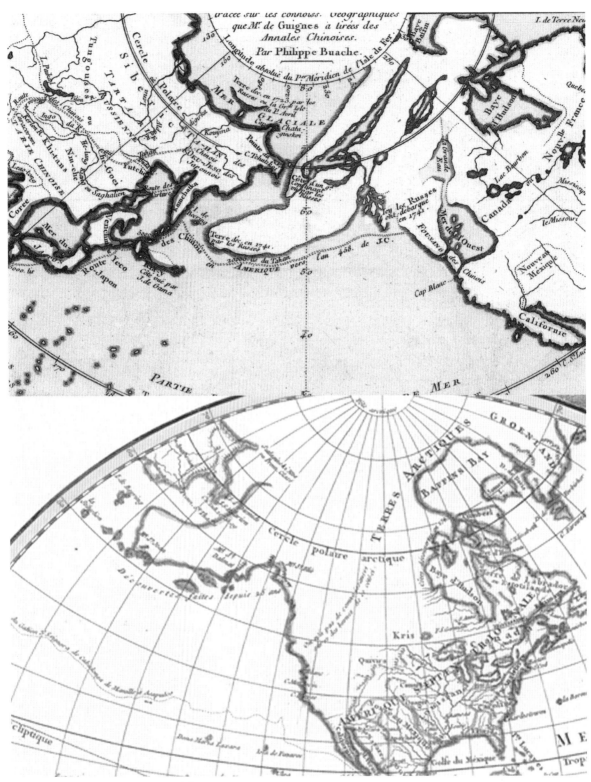

그림 70. (상) 1752 Philippe Buache, (하) 1752 Gilles Robert de Vaugondy

그렇다면 우리는 두 부류의 지도들을 비교하여 어떤 지도들이 더 신뢰할 수 있는지 파악하려는 노력을 해야 할 것이다. 1752년 제작된 Philippe Buache과 Gilles Robert de Vaugondy의 지도들에 베링해는 일관되게 육지로 표현됐다.

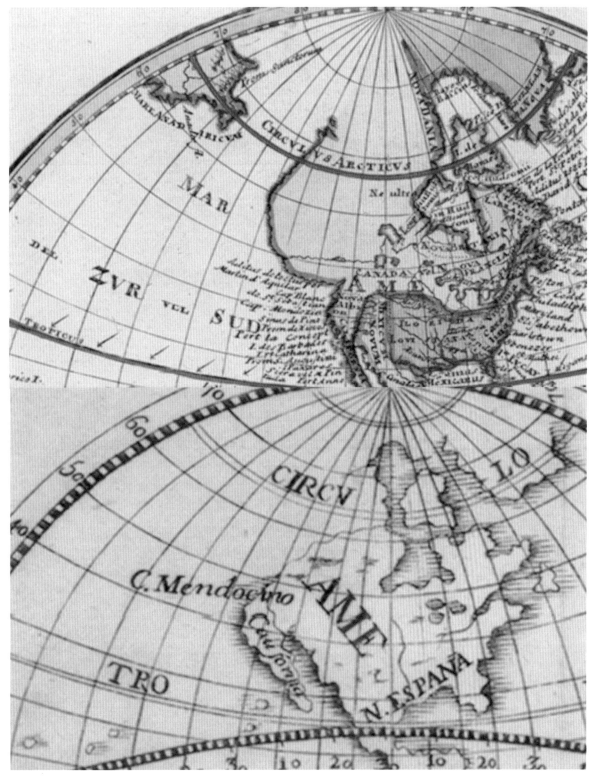

그림 71. (상) 1752 Leonard Von Euler, (하) 1752 Gilles Robert de Vaugondy

반대로 Leonard Von Euler과 Gilles Robert de Vaugondy 지도들에 베링해는 아예 표시를 하지 않았다. 대체 이 지도들로 무엇을 알 수 있다는 말인가?

4. 베링해 연도별 조작사례_1753년

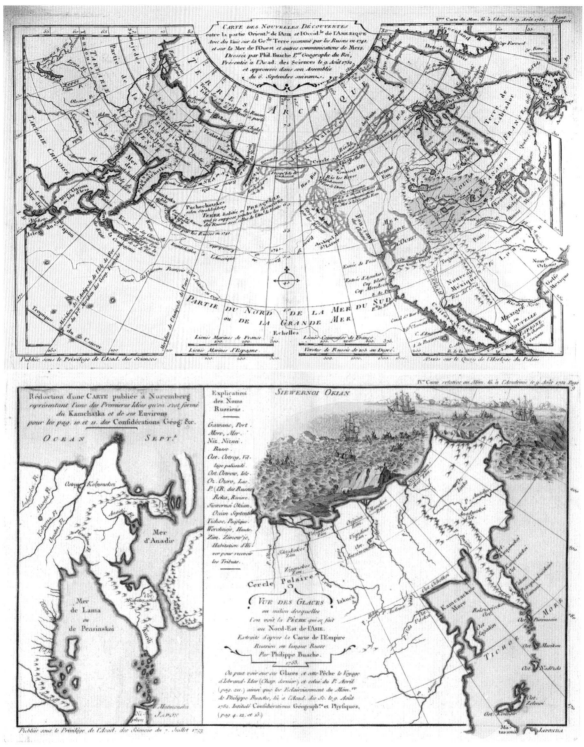

그림 72. 1753 Philippe Buache

위 좌측의 지도들은 1753년 서양지도들 중 베링해를 육지로 표현한 필립 뷔아슈(Philippe Buache) 지도들이고, 우측은 베링해를 바다로 표현한 레온하르트 오일러(Leonhard Euler)지도들이다.

그림 73. 1753 Leonhard Euler

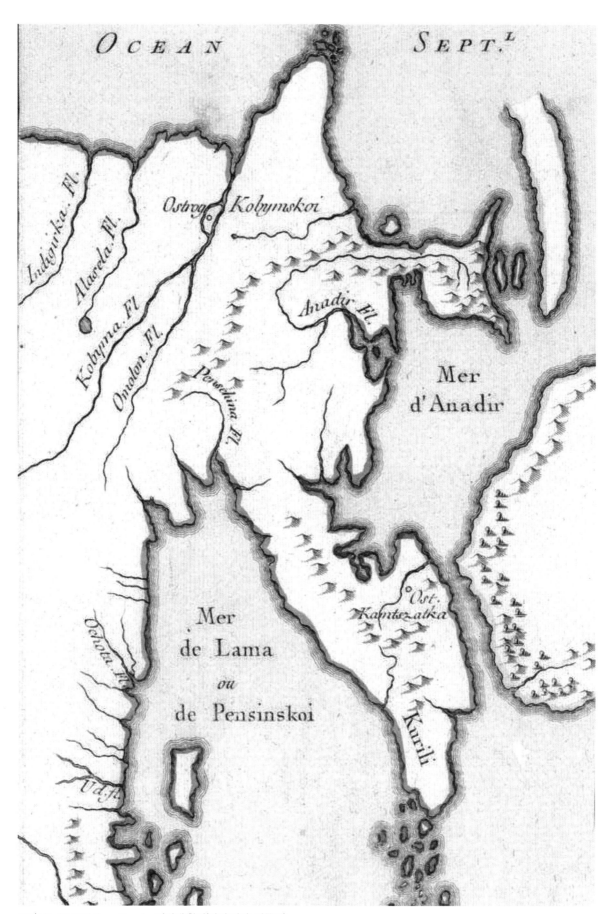

그림 74. 1753 Philippe Buache 베링해 확대(사진 제작: 김종문)

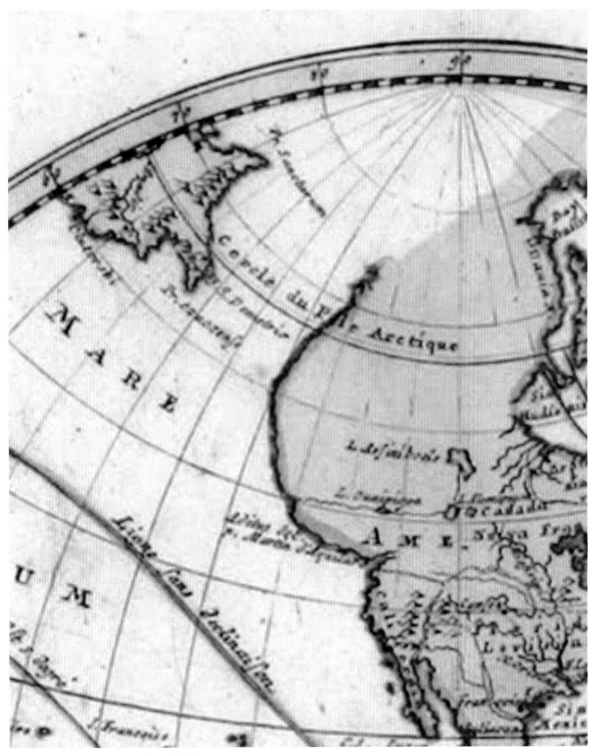

그림 75. 1753 Leonhard Euler 베링해 확대

앞서 Philippe Buache지도들에 캄차카반도의 지형은 정확하고 베링해는 육지로 표현됐다. 그런데 Leonhard Euler 지도는 동일 연도 지도인데도 알라스카에 대한 정보가 없다는 듯이 아예 공백으로 처리했다.

5. 베링해 연도별 조작사례_1755년

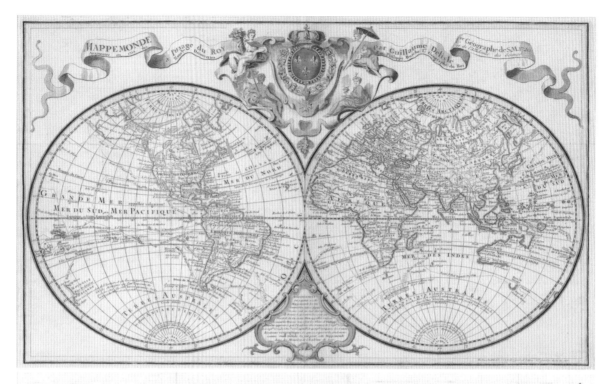

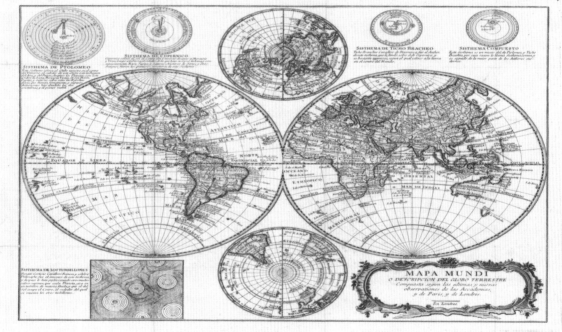

그림 76. (상) 1755 Philippe Buache, (하) 1755 Pedro Gendron

1755년에는 여러 지도제작자들의 서로 다르게 베링해를 표현했다. 위 필립 뷔아슈(Philippe Buache)는 베링해를 육지로 표현했다. 그러나 페드로 장드롱(Pedro Gendron), 자크 니콜라스 벨린(Jacques Nicolas Bellin), 베르누이(Bernoulli) 등은 모두 베링해를 공백으로 처리하거나 부정확하게 묘사했다.

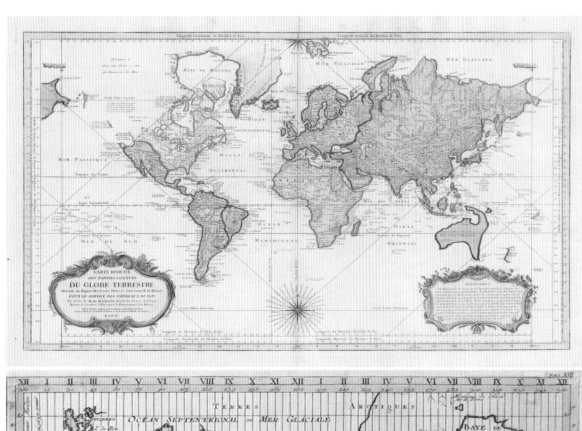

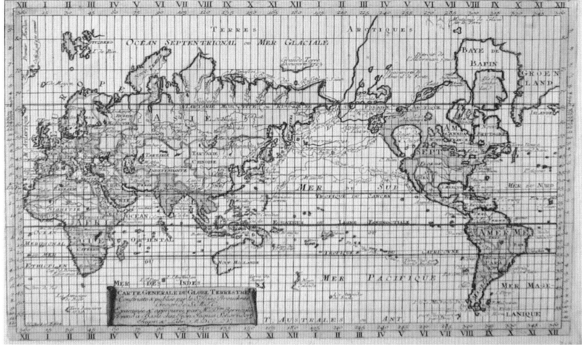

그림 77. (상) 1755 Jacques Nicolas Bellin, (하) 1755 Bernoulli

만약 위의 서양지도들이 정상적인 지도라고 주장하는 사람이 있다면 곰곰이 생각을 해 봐야 한다. 어째서 베링탐사가 실시된 이후 14년이나 흐른 이후에도 알래스카가 공백으로 표현됐는가?

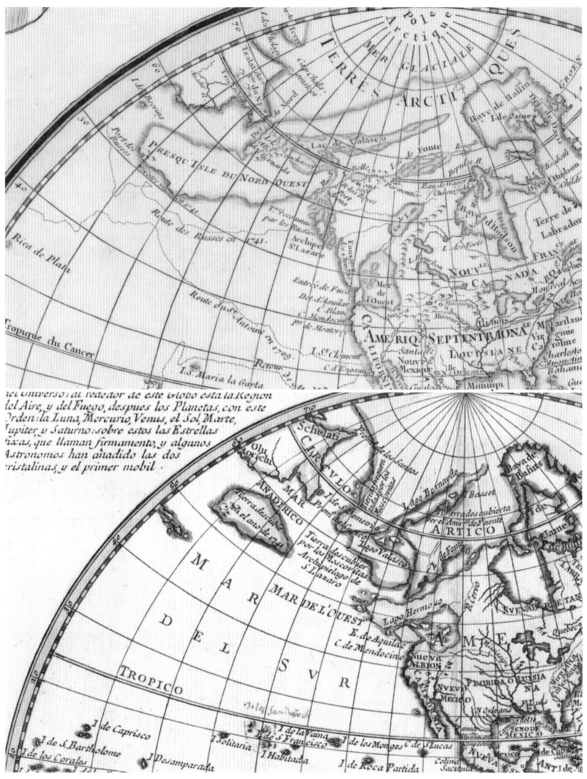

그림 78. (상) 1755 Philippe Buache, (하) 1755 Pedro Gendron

위의 지도들은 다른 연도에 똑같이 제작된 지도들이 있으며 모두 서로 다르게 채색되었다. 그래서 지도들을 보고는 아무것도 알 수 없다. 그런데 이렇게 지형조차 엉터리로 표기하지 않을 거라면 대체 어째서 지도들을 이렇게나 많이 제작했던 것일까?

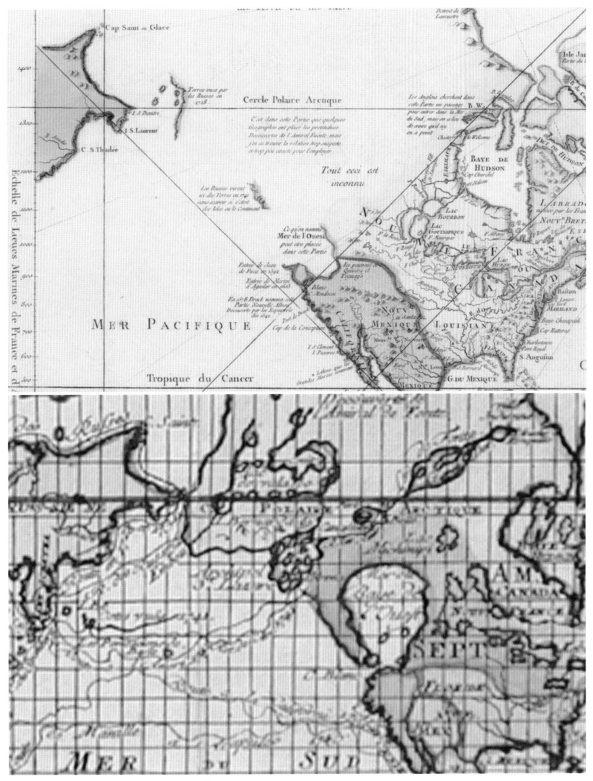

그림 79. (상) 1755 Jacques Nicolas Bellin, (하) 1755 Bernoulli

위 지도들을 고가에 구입할 사람은 없었을 것이다. 이외에도 1755년에는 다수의 지도들이 서로 다르게 제작되어 고지도로 유통되고 있다.

6. 베링해 연도별 조작사례_1757년

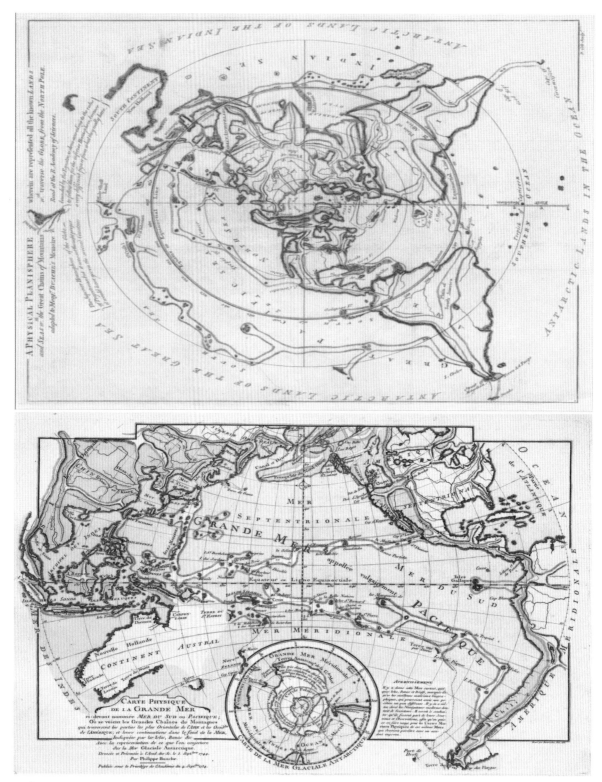

그림 80, 1757 Philippe Buache

1757년에 제작된 Philippe Buache의 지도들은 일관되게 베링해를 육지로 표현했다.

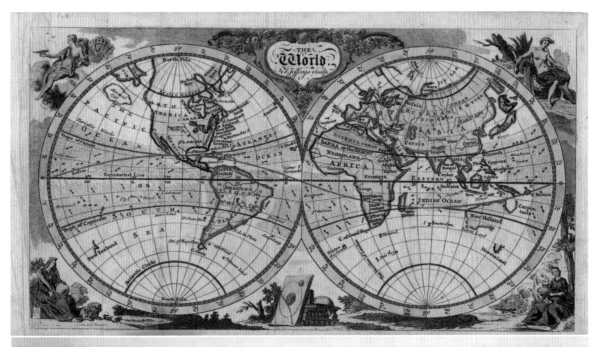

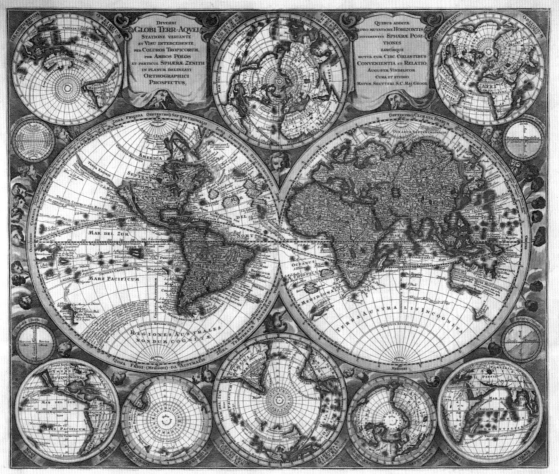

그림 81. (상) 1577 Thomas Jefferys, (하) 1577 Matthaeus Seutter

그러나 동시기에는 베링해를 바다로 표현한 지도들이 고지도로 유통되고 있다.

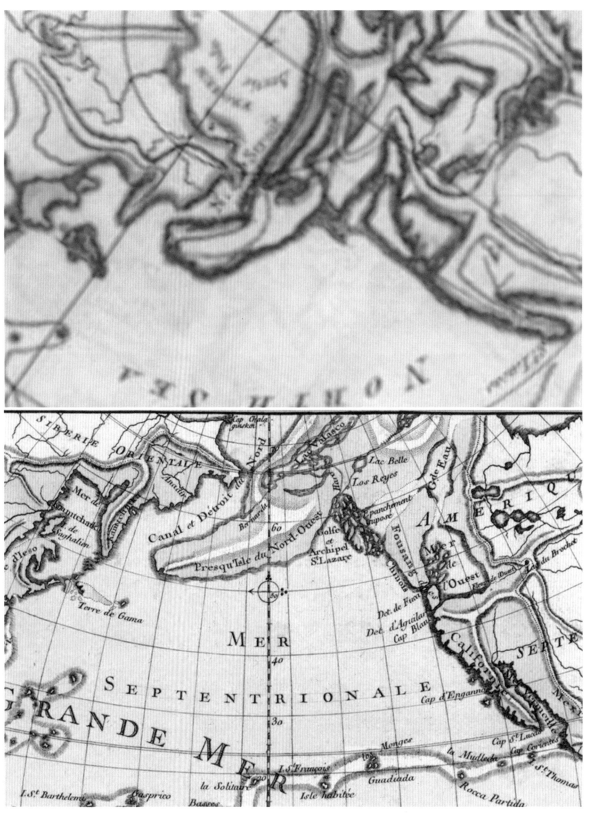

그림 82. 1757 Philippe Buache 지도들 베링해 확대

　Philippe Buache의 지도처럼 일관되고 정확한 지도들이 제작됐음에도 베링해가 18세기에도 육지였음을 모르고 있는 것은 베링해를 바다로 표현한 지도들이 몇배 이상의 수량으로 유통되기 때문이다.

그림 83. (상) 1757 Thomas Jefferys, (하) 1757 Matthaeus Seutter

러시아가 알래스카를 발견했다는 1741년에서 16년이나 지났는데 이런 지도가 제작됐다는 것은 말이 되지 않는다. 비슷하게 베링해를 모호하게 표현한 지도들은 모두 조작으로 보는 것이 타당하다.

7. 베링해 연도별 조작사례_1760년

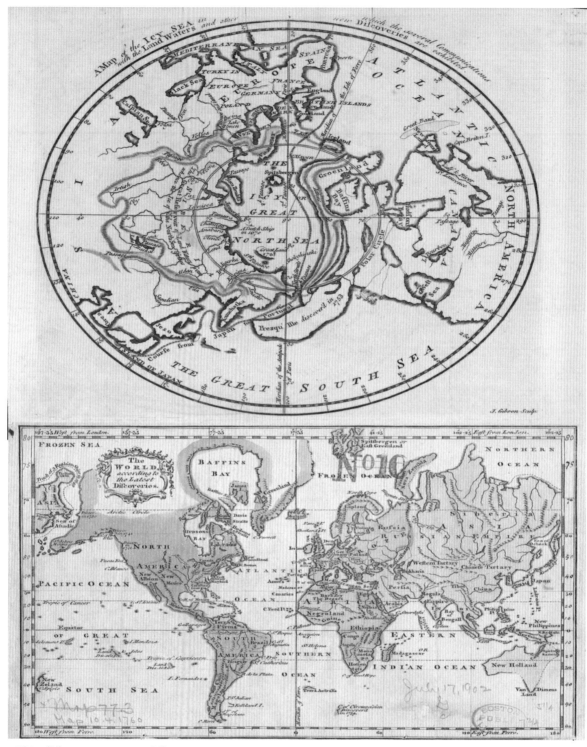

그림 84. (상) 1760 John Gibson, (하) 1760 Beach Towel

위 존 깁슨(John Gibson)의 1760년 지도들도 베링해는 육지로 표현됐다. 비치 타월(Beach Towel)의 지도에도 베링해는 육지로 표현됐으니 지형이 불명확하다.

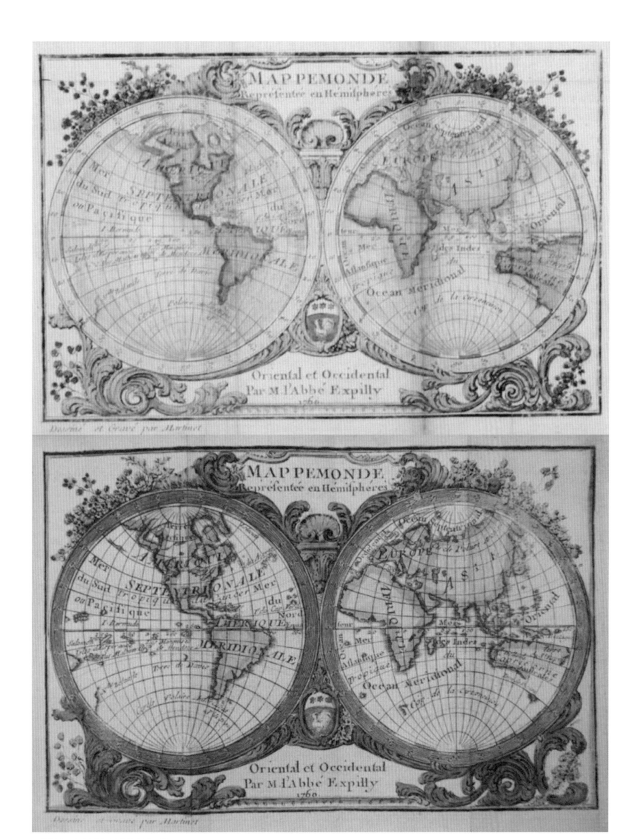

그림 85. 1760 M. L'Abbé Expilly

동일 연도에 제작된 지도들 중에는 반대로 베링해를 바다로 표현한 지도들이 몇 배로 많다. 다음 1760년 M. L'Abbé Expilly 지도들은 서로 다르게 채색됐는데 조악하다.

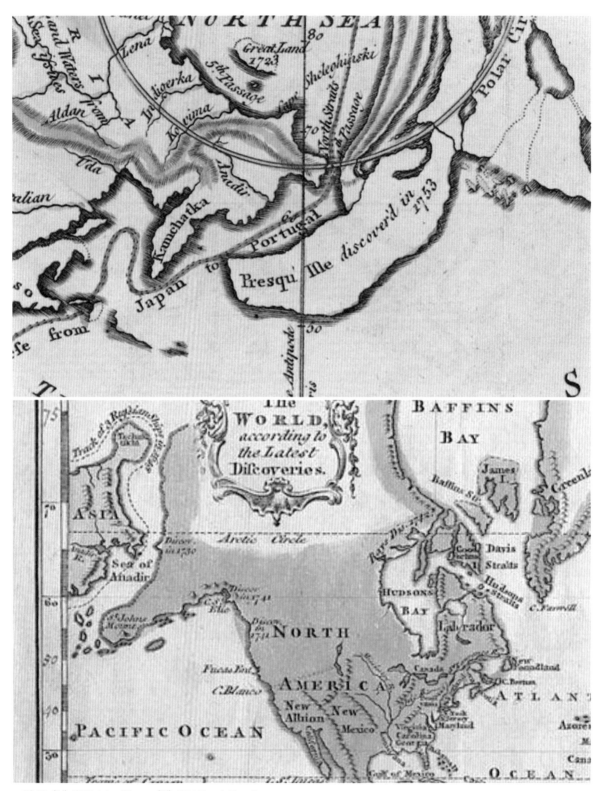

그림 86. (상) 1760 John Gibson, (하) 1760 Beach Towel

위 1760년 John Gibson 지도는 시베리아에 산맥들까지 실제적으로 표현됐다. 그러나 Beach Towel 지도에 시베리아에 산맥은 실제와 전혀 다르다. 또한 북미 알라스카는 지리정보가 없다는 듯이 모호하게 표현됐다.

그림 87. 1760 M. L'Abbé Expilly

1760년 지도들 중 베링해를 바다로 표현한 지도들은 엉터리였다. 특히 M. L'Abbé Expilly 지도들은 채색조차 형편없는 조작들로 예상된다.

8. 베링해 연도별 조작사례_1775년

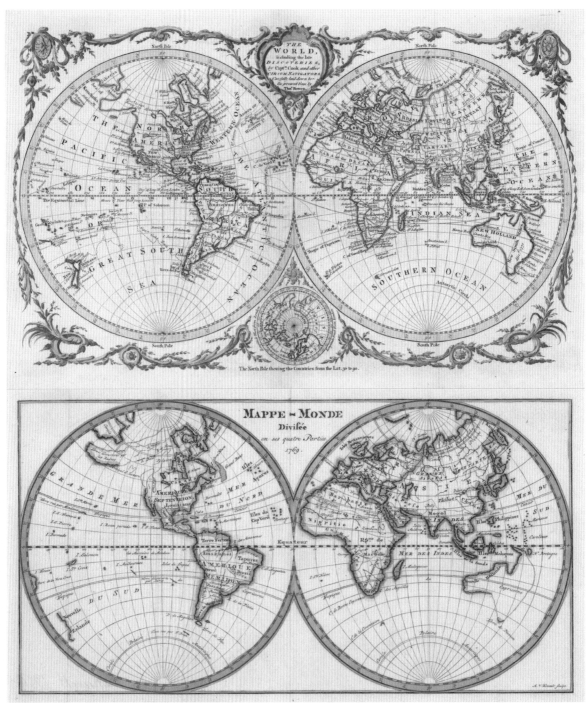

그림 88. (상) 1775 Thomas Bowen, (하) 1775 A. van Krevelt

위 지도들은 1775년 Thomas Bowen 지도와 A. van Krevelt 지도다. 두 지도에 베링해는 육지로 표현됐다. 우측에 지도들은 동일하게 1775년에 제작된 Jean Janvier와 Guillaume De L'Isle지도들이다.

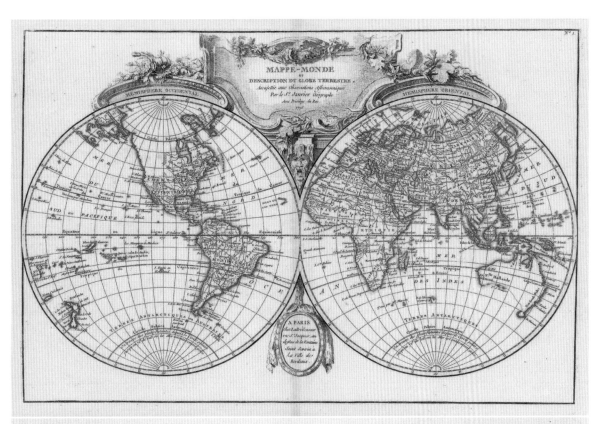

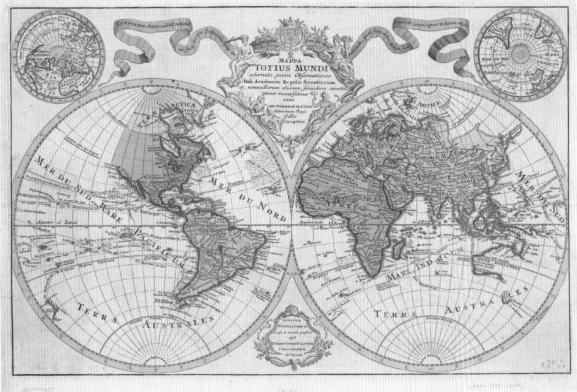

그림 89. (상) 1775 Jean Janvier, (하) 1775 Guillaume De L'Isle

필자는 위에 지도 모두를 육지였던 베링해를 바다로 조작하기 위해 후대에 제작된 가짜지도들로 예상한다.

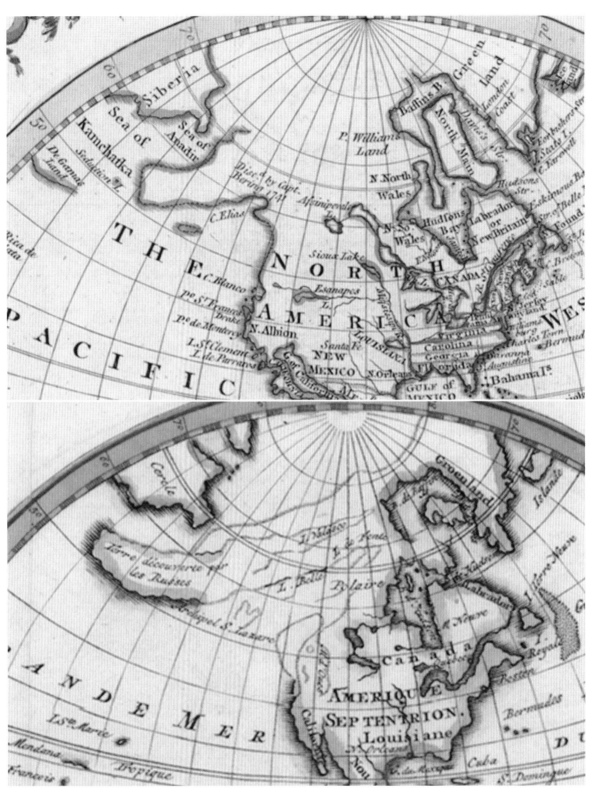

그림 90. (상) 1775 Thomas Bowen, (하) 1775 A. van Krevelt

위 Thomas Bowen과 A. van Krevelt 지도들은 베링해를 육지로 표현했지만 형편없어서 지도를 보고
는 아무런 지리정보도 알 수 없다. 세계사에서 1775년이면 1741년 베링탐사 이후 수십 년이 흐른 뒤로
러시아가 알래스카를 개발하던 시기다.

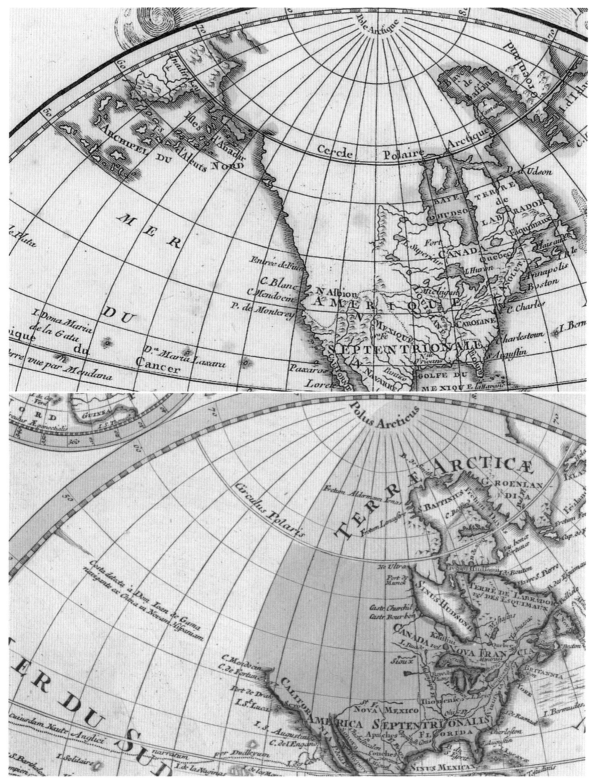

그림 91. (상) 1775 Jean Janvier, (하) 1775 Guillaume De L'Isle

위 지도들은 18세기 지도들은 일관성이 결여되어 신뢰할 수 없다는 인식을 심어 주기 위한 근세기의 조작들로 예상된다.

9. 베링해 연도별 조작사례_1780년

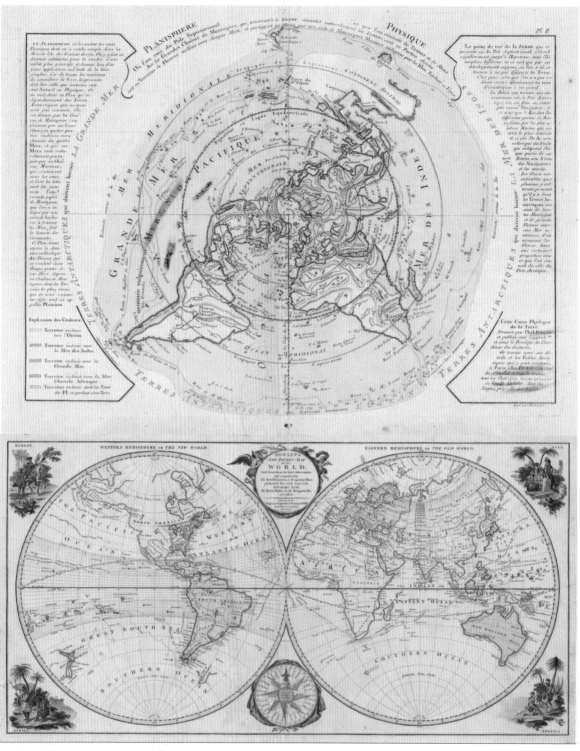

그림 92. (상) 1780 J.A. Dezauche, (하) 1780 Carrington Bowles

    1780년에 드죠서(J.A. Dezauche)와 캐링턴 보울스(Carrington Bowles) 지도는 베링해를 육지로 표현했다. 1780년에는 베링해를 바다로 표현한 지도들이 몇 배 이상으로 많다.

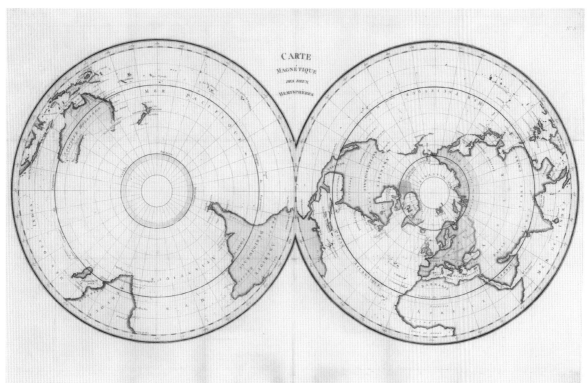

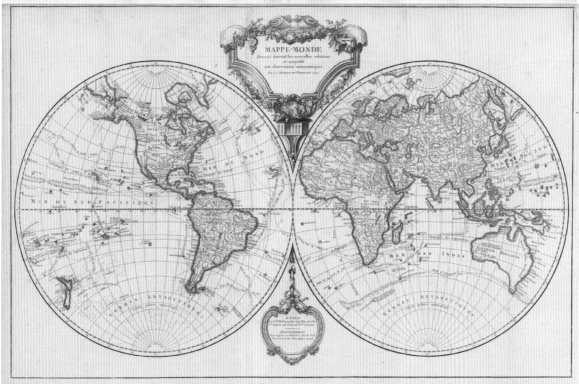

그림 93. (상) 1780 Claude Buffier, (하) 1780 Delamarche

다음 1780년 크라우드 뷔피에(Claude Buffier)와 델라마치(Delamarche)의 지도들에 알래스카는 여전히 지리정보가 부족하다는 듯 모호하게 표현됐다.

그림 94. (상) 1780 J.A. Dezauche, (하) 1780 Carrington Bowles

　(상)J.A. Dezauche 지도는 극동아시아와 북미의 지형을 정밀하게 표현했다. 그러나 (하)Carrington Bowles 지도는 지리정보가 없다는 듯이 부정확하게 표현됐다.

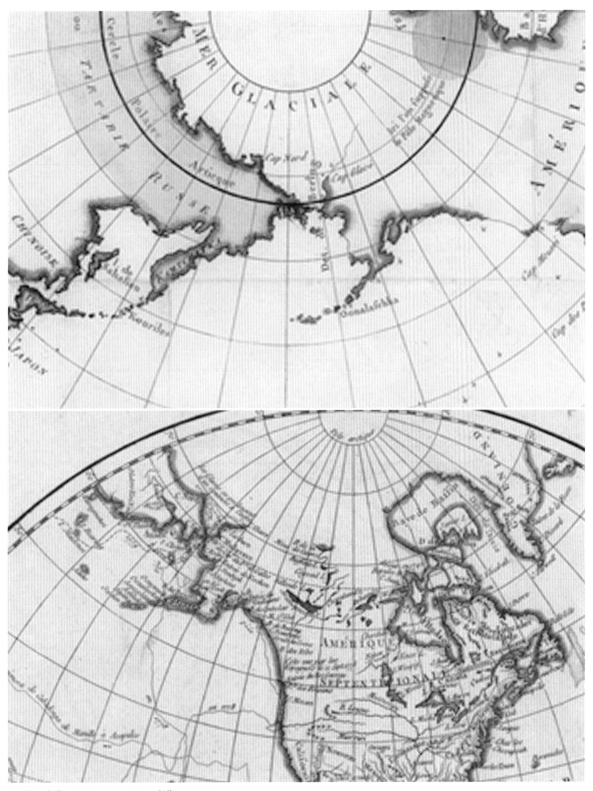

그림 95. (상) 1780 Claude Buffier, (하) 1780 Delamarche

외에도 1780년에 제작됐다는 지도들이 몇 배로 존재하는데 베링해를 육지로 표현한 지도들은 일관성
이 있지만, 바다로 표현한 지도들은 지리정보가 부정확하고 일관성이 결여되어 지도로써의 가치는 전혀
없다.

10. 18세기 지도제작자별 베링해 조작사례_Homann Heirs

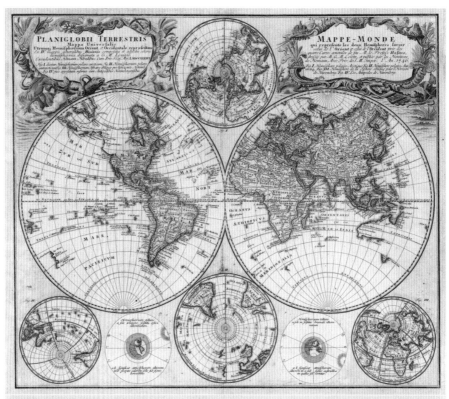

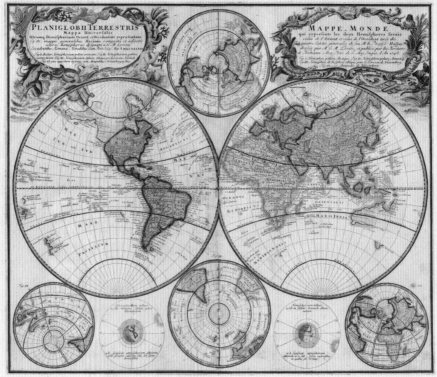

그림 96. 1746 Homann Heirs

베링해를 육지로 표현한 제작자들의 지도들 중에는 반대로 베링해를 바다로 표현한 지도들도 검색이

된다.

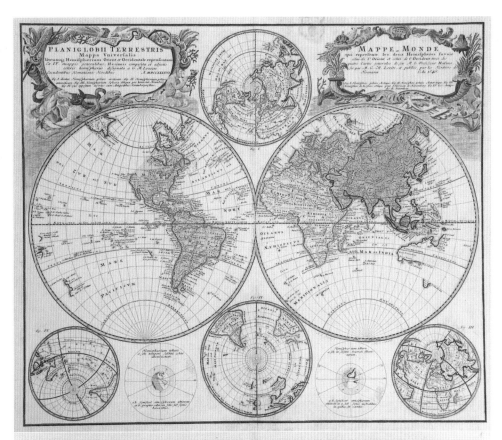

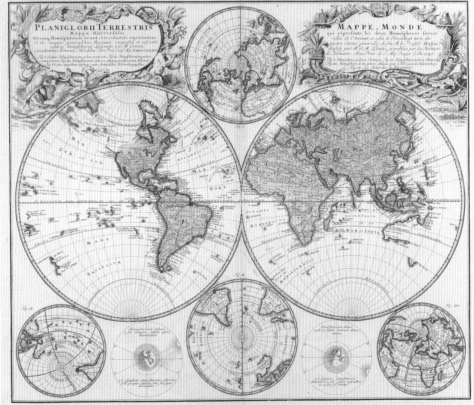

그림 97. 1746 Homann Heirs

위 지도들은 18세기 신성로마제국에서 가장 권위 있는 지도제작자 가문이었던 호만가문(Homann Heirs)의 지도들이다.

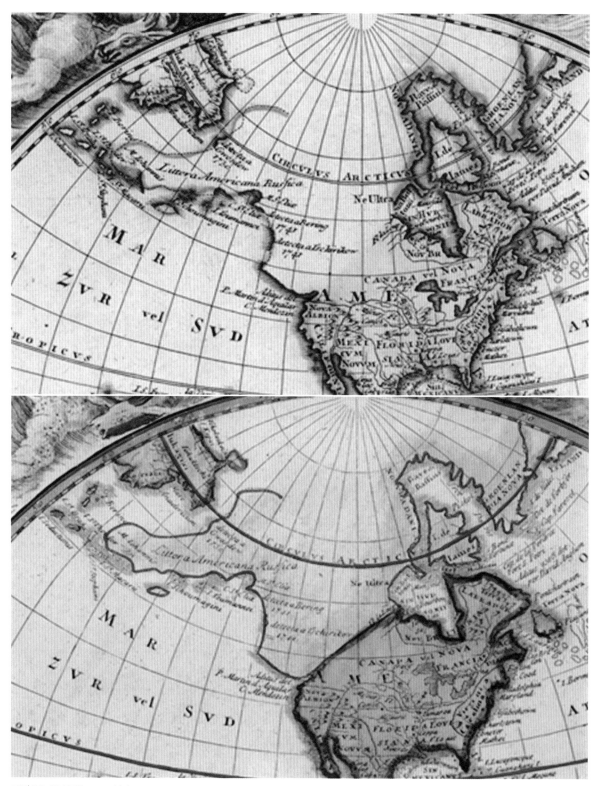

그림 98. 1746 Homann Heirs

호만가문(Homann Heirs)의 이름으로 유통되는 지도들은 동일 연도의 지도들조차도 서로 다르게 채색되어 고지도로 유통되고 있다. 위에 네 가지 지도들은 베링해와 알래스카를 제외한 지리정보가 동일하다. 황당하게도 지도들 모두 서로 다르게 채색되어 지도를 보고는 아무런 정보도 얻을 수 없다.

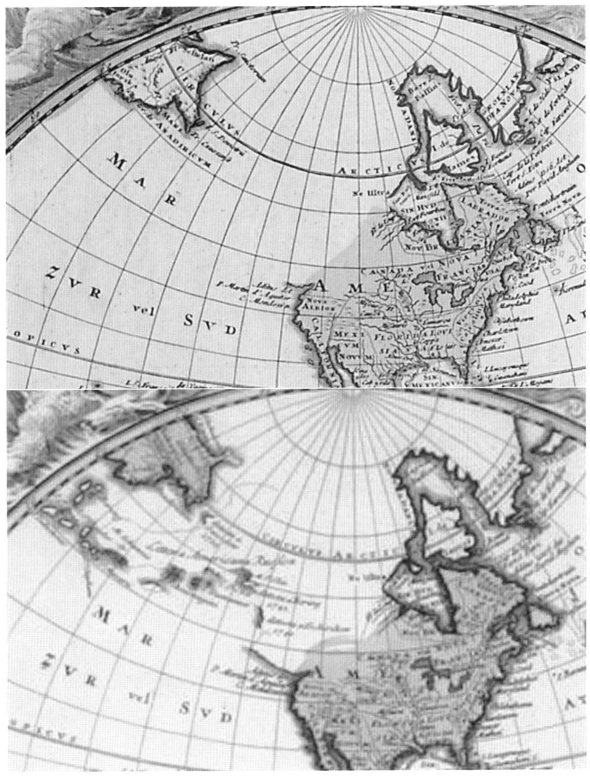

그림 99. 1746 Homann Heirs

Homann Heirs라는 가문이 실제로 있었다면 위의 지도들을 제작했을 리는 만무하다. 만약 이렇게 서로 다르게 지도를 제작하여 판매했다면 체포되어 처벌을 받아야 했을 것이다. 위 지도들은 베링해를 육지로 표기한 지도들은 신뢰할 수 없다는 인식을 심어 주기 위해 후대에 제작된 가짜지도로 예상된다.

11. 18세기 지도제작자별 베링해 조작사례_Carrington Bowles

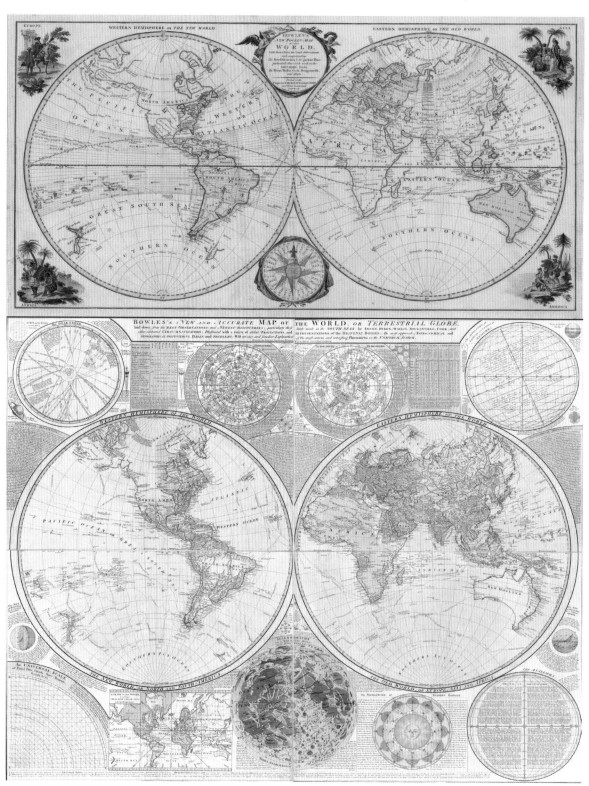

그림 100. 1780 Carrington Bowles

다음 지도는 18세기 말에 영국의 지도제작자인 캐링턴 보울스(Carrington Bowles)의 1780년 지도들이다.

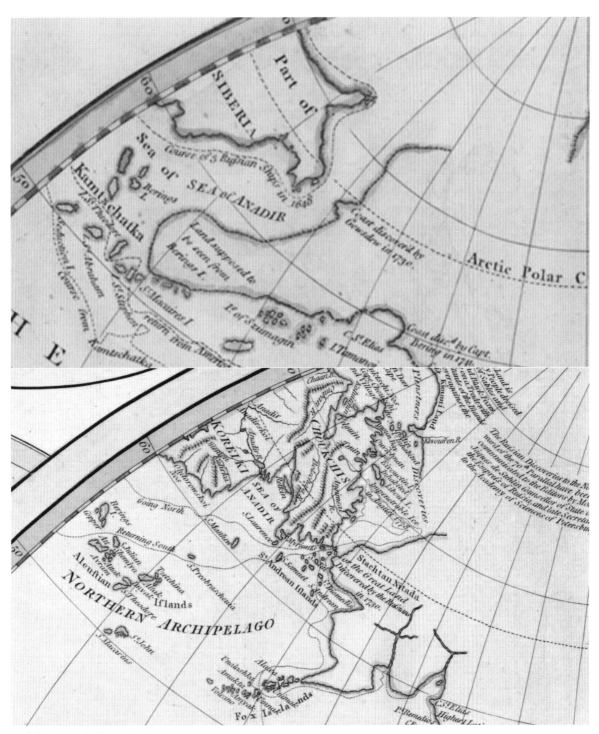

그림 101. 1780 Carrington Bowles

　1780년 Carrington Bowles의 지도들은 베링해의 지형이 서로 완전히 다르다. (상)지도에 베링해는 황
당하게도 Sea of SEA of ANADIR로 표기됐다. 그런데 (하)에는 SEA of ANADIR로 표기됐다. 정상적인
지도로 볼 수 없는 차이다.

12. 18세기 지도제작자별 베링해 조작사례 _Jacques Nicolas Bellin

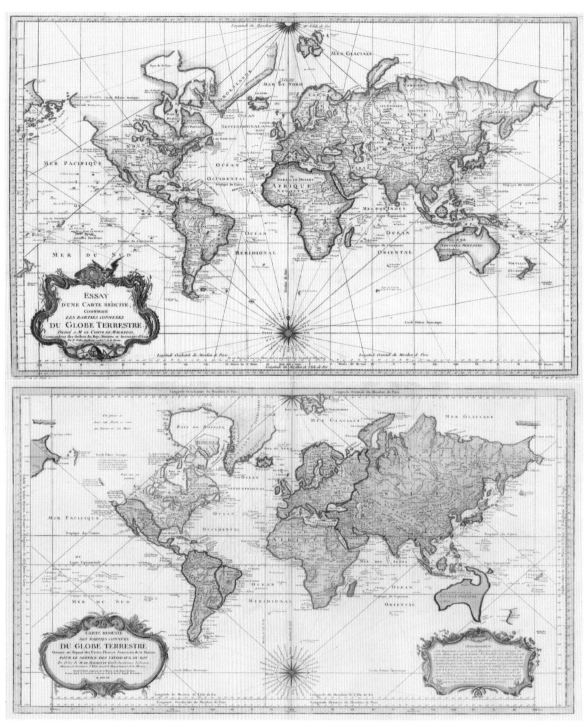

102. (상)1748 Jacques Nicolas Bellin, (하)1755 Jacques Nicolas Bellin(사진제작 김종문).jpg

18세기 프랑스의 저명한 지도제작자로 '수로학의 왕'이라 칭송받는 자크 니콜라스 벨린(Jacques Nicolas Bellin, 1703~1772)는 베링해를 육지로 표현했던 다수의 지도들을 제작했다.

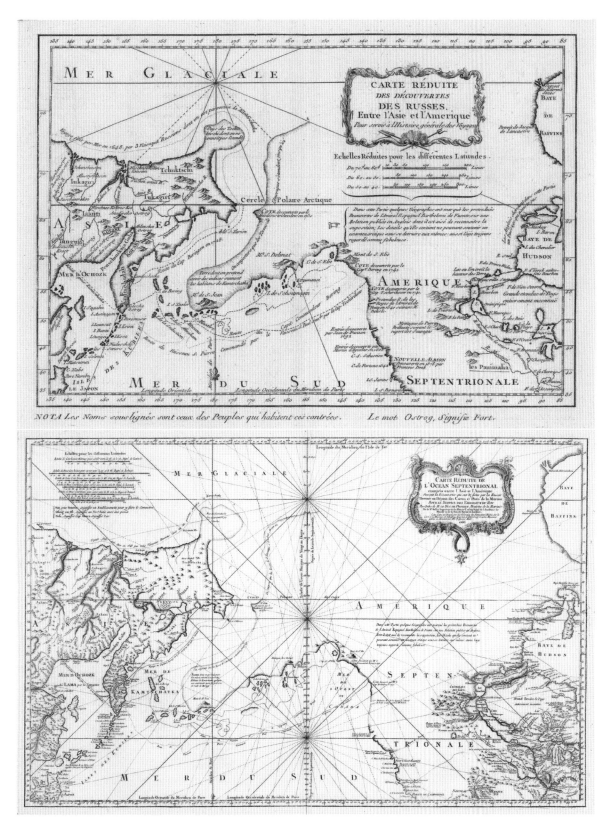

그림 103. (상) 1764 Jacques Nicolas Bellin, (하) 1766 Jacques Nicolas Bellin

황당하게도 벨린이 제작했다는 지도들 중에는 베링해를 바다로 표현한 지도들도 있다. 벨린의 1748년과 1755년 지도에 베링해는 바다로 표현됐고, 1764년과 1766년 지도에 베링해는 육지로 표현됐다.

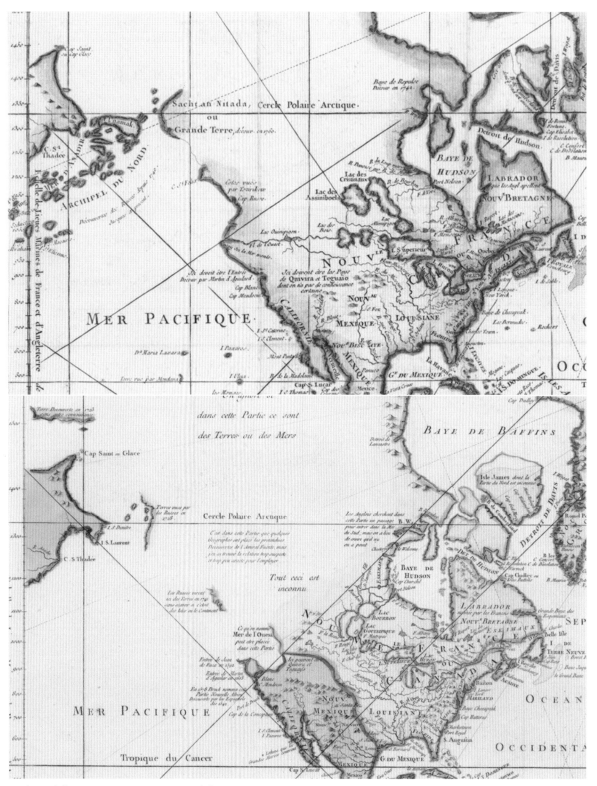

그림 104. (상) 1748 Jacques Nicolas Bellin, (하) 1755 Jacques Nicolas Bellin

위의 1748년 지도와 1755년 지도들에 북미 북부를 보면 너무 달라서 아무런 지리정보도 알 수 없다. 저명한 벨린이 매년 서로 다르게 지도를 제작해서 판매를 할 리는 없지 않은가? 이러한 의문은 지극히 당연하며 정상적이다. 이런 사례들은 베링해를 육지로 표현했던 제작자들에게서 공통적으로 발견된다.

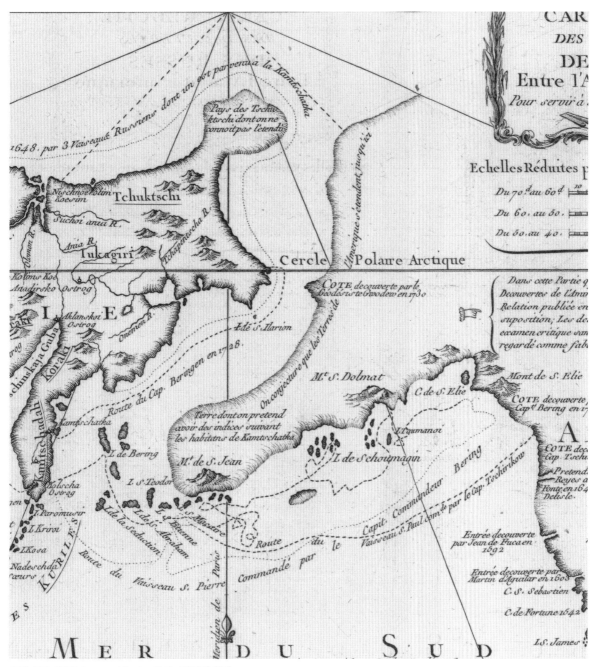

그림 105. 1764 Jacques Nicolas Bellin 베링해 확대

위의 지도들대로라면 저명한 지도제작자인 벨린은 1741년 베링탐사로 알래스카를 발견하고 수십 년이 흐르는 동안 알래스카가 어떻게 생겼는지도 모르고 있었다. 이게 말이 된다고 생각하는가? 위의 지도들은 18세기 후반까지도 북미 알래스카의 지리정보가 부정확했다는 인식을 심어 주려는 의도로 근세기에 제작된 가짜지도들로 예상된다.

13. 18세기 지도제작자별 베링해 조작사례_Buache Philippe

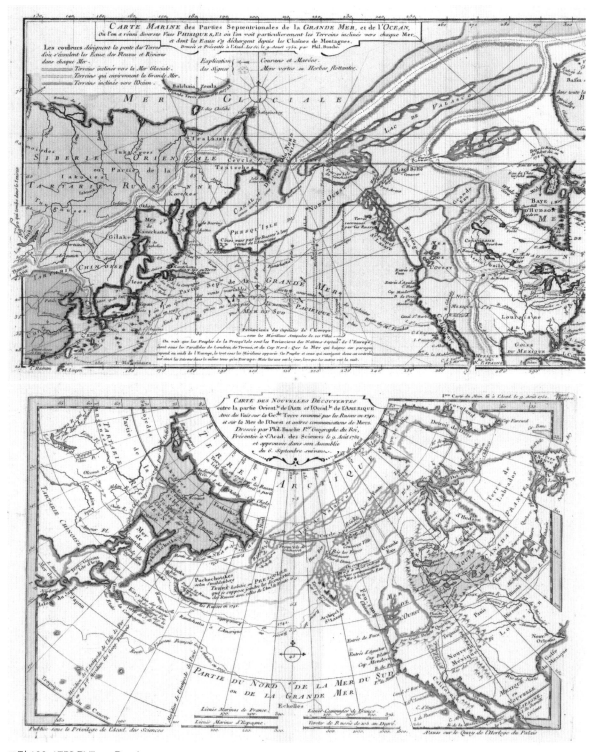

그림 106, 1752 Philippe Buache

　18세기 프랑스에 저명한 지도제작자 필립 뷔아슈(Philippe Buache, 1700~1773)의 지도들에도 동일 연도, 동일 유형 지도들 중 베링해를 다르게 표현한 지도들이 있다.

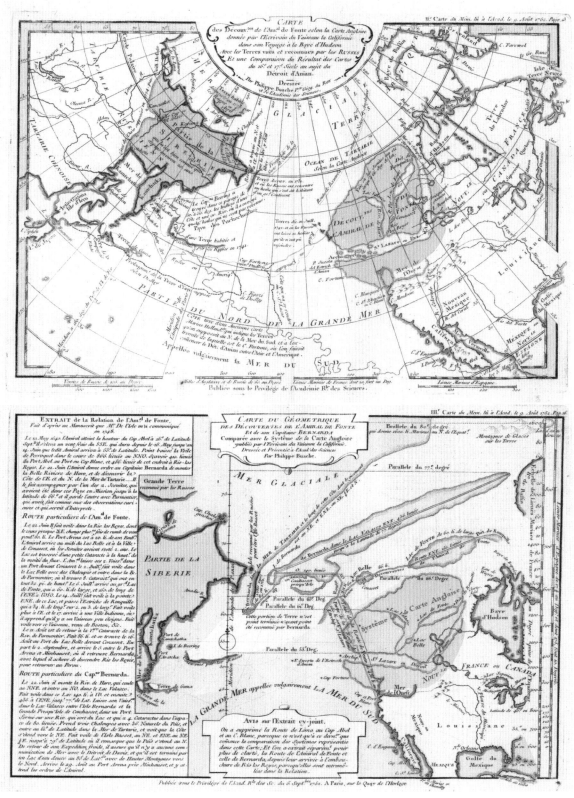

그림 107. 1752 Philippe Buache

1752년에 Philippe Buache가 제작했다는 위에 지도들은 베링해에 지리정보가 없다는 듯 공백으로 처리했다.

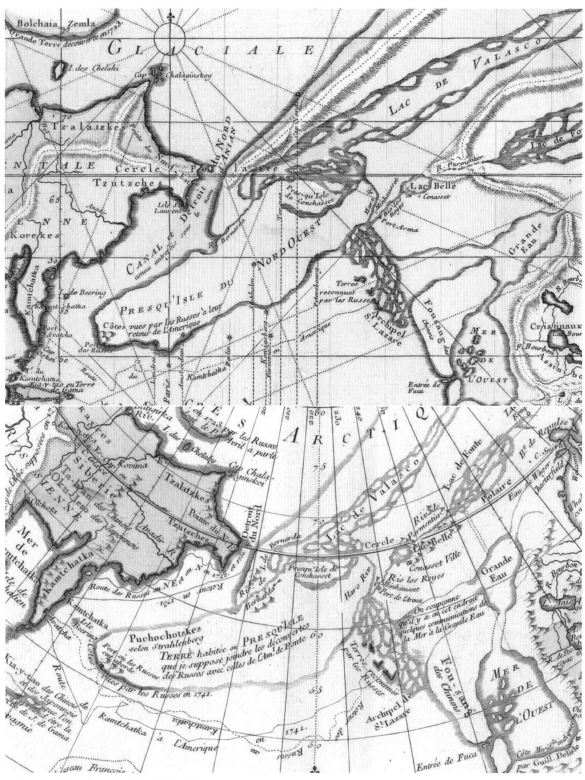

그림 108. 1752 Philippe Buache 베링해 확대

위 지도들이 모두 진본이라면 Philippe Buache는 한 해에 여러 가지로 다르게 지도들을 제작하여 판매한 것이다. 매년 서로 다르고 한 해에도 서로 다르게 지도들을 제작하는 게 어떻게 정상적인 지도제작일 수 있는가?

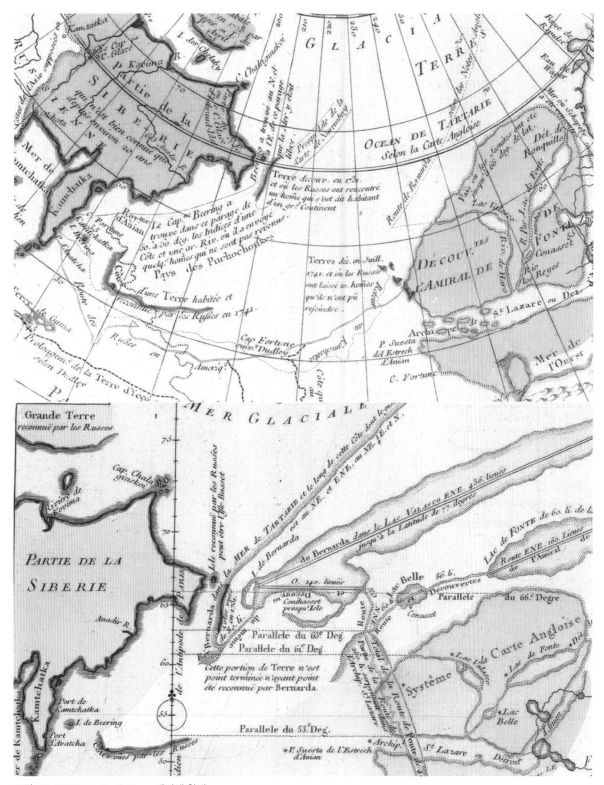

그림109. 1752 Buache Philippe 베링해 확대

　베링해를 바다로 표현한 위 지도들은 베링해를 육지로 표현한 지도들의 지리정보는 신뢰할 수 없다는 인식을 심어 주기 위해 근세기에 제작된 가짜지도들로 예상된다.

14. 18세기 지도제작자별 베링해 조작사례_J.A. dezauche

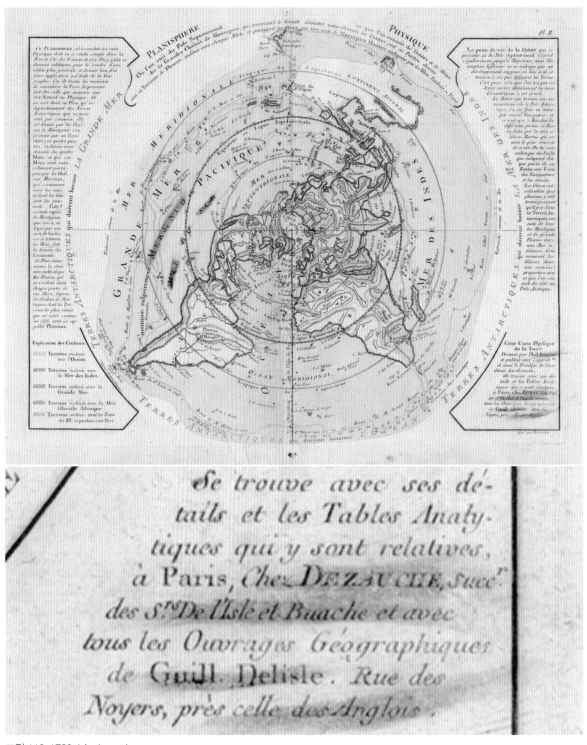

그림 110. 1780 J.A. dezauche

　다음은 필립 뷔아슈의 후계자인 드죠서(J.A. dezauche)가 제작한 지도들이다. 드죠서는 지리학 교수이면서 해군 지도제작소에 근무한 19세기 초의 프랑스 지도전문가다.

그림 111. 1782 J.A. dezauche

1782년 드죠서 지도도 필립 뷔아슈의 지도를 기반으로 제작했다. 지도에는 1780년 지도와 동일하게 프랑스 과학원의 자료를 근거로 기욤 드릴이 제작하고 뷔아슈가 수정한 지도를 드조서가 다시 개정한 지도로 표기됐다.

그림 112. (상) 1780 J.A. dezauche 북반구 확대

　그런데 두 지도는 완전히 다른 내용으로 제작됐지만 모두 정상적인 고지도로 유통되고 있다. 1782년 드죠서 지도에는 1780년 드죠서 지도에 표기되던 (5) 가마섬은 삭제됐고, (6) 베링해는 거대한 육지가 아니라 수많은 섬으로 표기됐다. 또한 (7) 축치자치구와 (8) 알래스카의 지형은 전혀 다르게 표현됐고, 1780년에 드죠서 지도에 바다로 표현되던 북미 네바다사막을 현재처럼 육지로 표현했다.

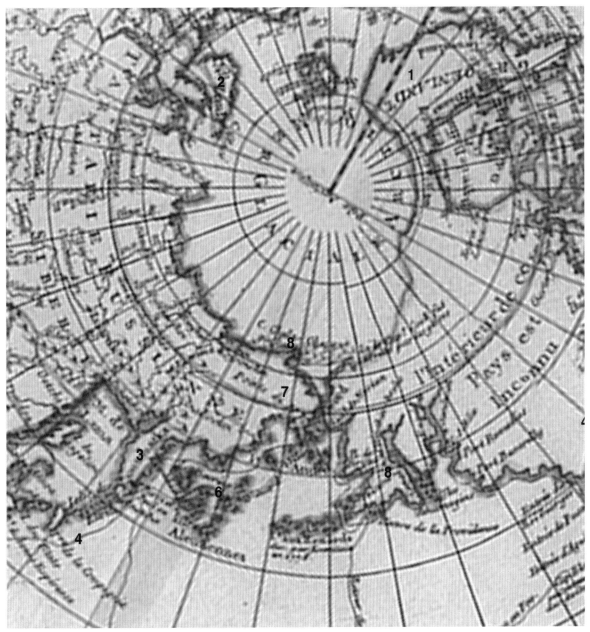

그림 113. 1782 J.A. dezauche 북반구 확대

동일한 지리정보를 기반으로 제작됐고 발행시기가 2년의 차이밖에 나지 않는데 이렇게 차이가 날 수는 없다. 만약 드죠셔가 1780년 지도를 제작하면서 베링해를 육지로 알았으나 2년 이후 제작을 할 때에는 바다임을 알게 되어 베링해를 바다로 표현했다면 그러한 내용이 지도에 표기되었을 것이다. 그러나 지도상에는 1780년 지도와 동일하게 기욤 드릴이 제작하고 부아케가 수정한 지도를 다시 개정했다고 표기됐다.

위의 1782년 드죠셔 지도는 베링해를 육지로 표현한 드죠셔의 지도들은 신뢰할 수 없다는 인식을 심어 주기 위한 근세기에 조작지도로 예상된다.

15. 결론

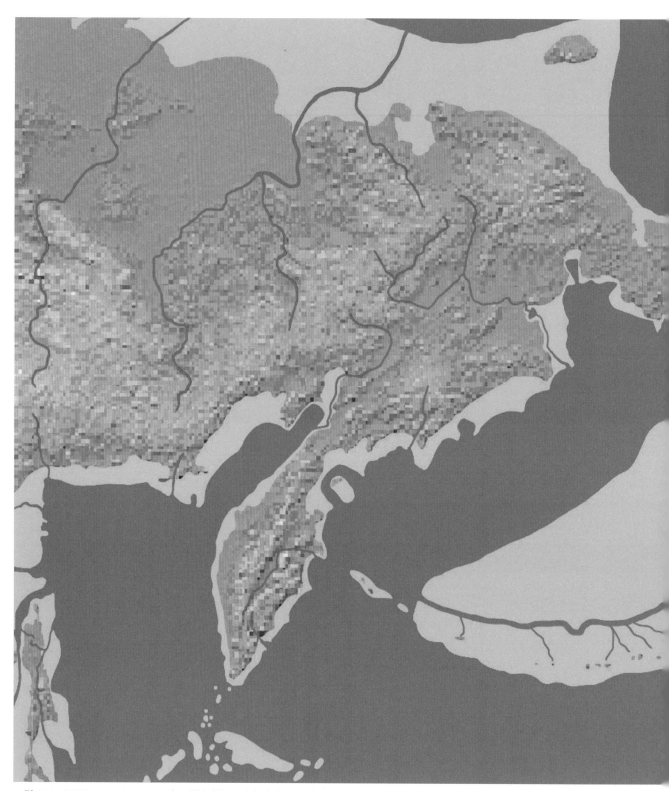

그림 114. 1996 David T. Sandwell 지도에 복원한 18세기 베링해 지형(사진 제작: 김종문)

15. 결론

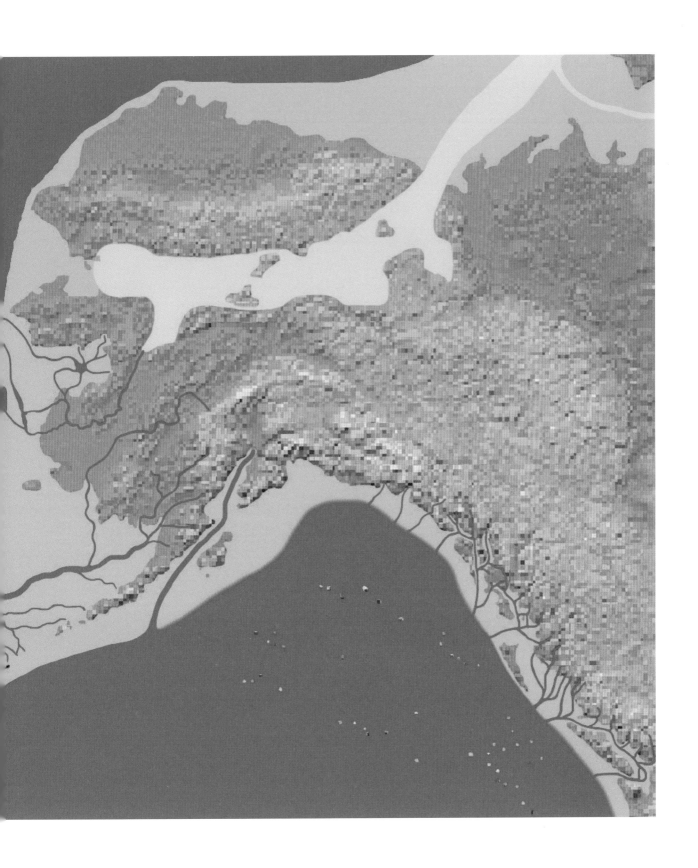

현 세계사에서 미대륙은 아시아가 마지막 빙하기까지도 육지였던 베링 육교(Beringia Land Bridge)로 연결되었다가 빙하기 이후 해수면 상승으로 분리된 신대륙이다. 그러한 이론들은 아시아와 하나의 대륙이었던 미대륙을 신대륙으로 만들기 위하여 만들어진 가짜이론들이다. 그것을 알 수 있는 명백한 증거들은 베링해를 육지로 표현했던 18세기의 서양지도들이다. 베링해가 수만 년 이전부터 바다였다면 어떻게 현대적인 지도 제작이 이뤄지던 18세기말의 지도들에 육지로 표현될 수 있는가?

18세기에는 극동아세아와 북미 알래스카의 지리정보가 아예 없다는 듯이 모호하게 표현된 지도들도 대량으로 유통되고 있다. 그러한 지도들은 대부분 동일 제작자의 지도들조차도 서로 다르게 채색되었으며, 다수의 경우 지형마저 크게 달랐다. 베링탐사라 불리는 북부대탐험(北部大探險, Great Northern Expedition)을 통해 북미 알래스카를 발견했다는 1741년 이후로도 수십 년 동안이나 그런 지도들이 제작되었다며 고지도들로 유통되고 있다.

그러나 베링해를 육지로 표현한 지도들과 바다로 표현한 지도들을 비교해 보면 베링해를 육지로 표현한 지도들은 일관성이 있으며 정확하다. 반대로 바다로 표현한 지도들은 지리정보가 없다는 듯 공백으로 처리하거나 엉터리로 표현하여 아무런 지리정보도 신뢰할 수 없었다. 그것은 수많은 지도들을 비교하여 판단한 것으로 의심의 여지가 없다.

베링해를 육지로 표현한 지도들을 인류가 안다면 베링지아 이론이나 베링탐사 따위의 소설이 역사로 교육될 수 없었을 것이다. 그러한 이유로 필자는 베링해를 바다로 표현한 조작지도들은 베링탐사와 콜롬부스 신대륙 발견이 인류에게 널리 알려진 근세기에 제작된 가짜지도들로 예상한다.

베링해를 육지로 표현한
18세기 서양지도

세계사에서 18세기는 정확한 지리정보를 바탕으로 현대적인 지도 제작이 실시됐다. 그럼에도 18세기 서양에서 제작 한 지도들은 베링해를 육지로 표현한 지도와 바다로 표현한 지도로 분류할 수 있다. 두 부류의 지도들 대부분은 동시기 뿐 아니라 동일제작자 지도들조차 서로 다르다. 이는 수백점 이상의 지도들이 명백히 증거 하는 사실로 의심의 여지가 없다. 다음에 소개하는 지도들은 조작의 유무를 떠나 18세기에도 베링해가 육지였음을 알 수 있는 지도들이다.

1. 1702 Pierre Moullart Sanson

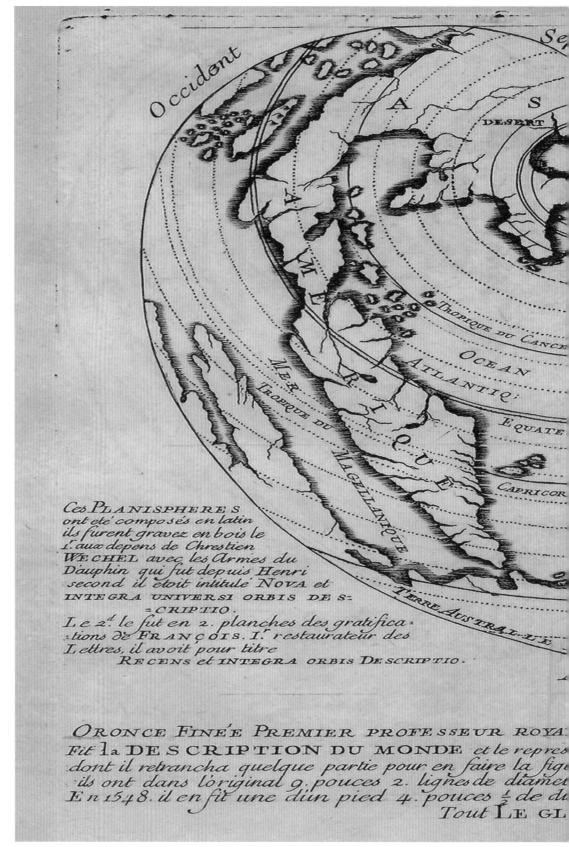

그림 115. 1702 Pierre Moullart Sanson(피에르 물라르 상송, 16..~1730)

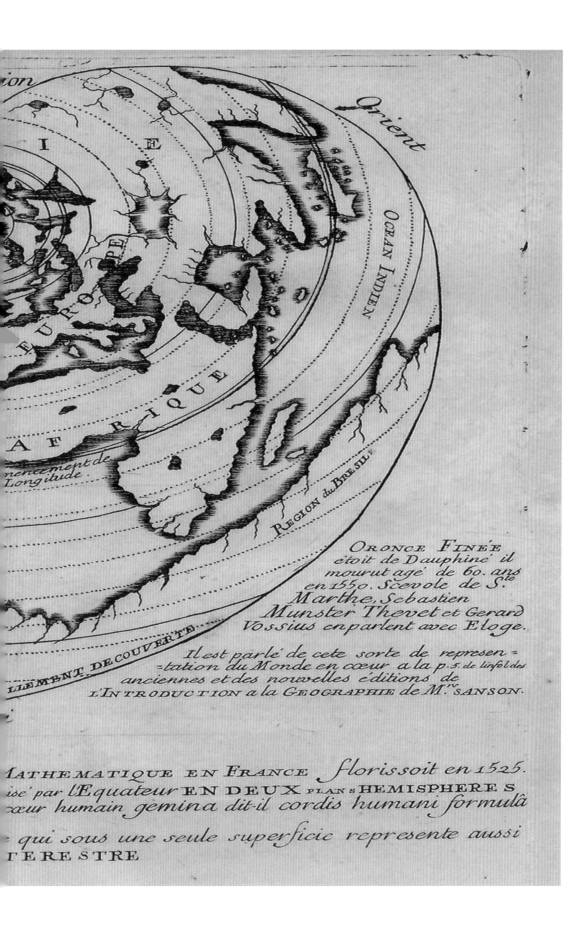

ORONCE FINÉE
étoit de Dauphiné il
mourut agé de 60. ans
en 1550. Scevole de S.te
Marthe, Sebastien
Munster Thevet et Gerard
Vossius en parlent avec Eloge.

Il est parlé de cete sorte de represen =
=tation du Monde en cœur a la p.5 de l'insol des
anciennes et des nouvelles éditions de
L'INTRODUCTION a la GEOGRAPHIE de M.rs SANSON.

MATHEMATIQUE EN FRANCE florissoit en 1525.
isé par l'Equateur EN DEUX PLANS HEMISPHERES
cœur humain gemina dit-il cordis humani formulâ

qui sous une seule superficie represente aussi

TERESTRE

2. 1710 Johann Baptist Homann

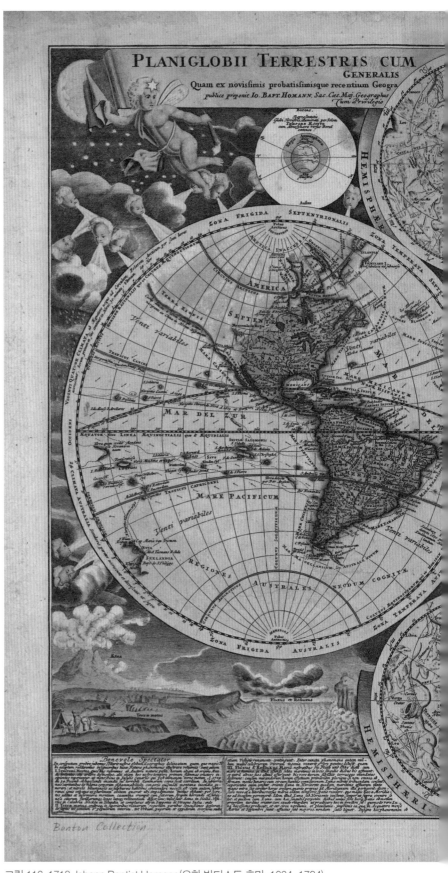

그림 116, 1718 Johann Baptist Homann(요한 밥티스트 호만, 1664~1724)

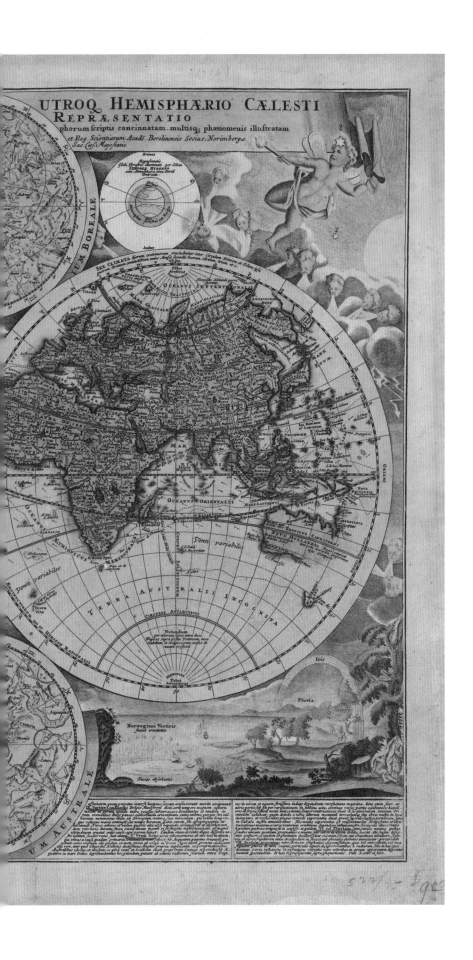

그림 117. 1718 Johann Baptist Homann 베링해 확대

위와 비슷한 지도들은 1710년부터 1762년도까지 대량으로 확인된다. 베링해가 육지였음을 감추기 위해 근세기에 제작된 가짜지도로 예상된다.

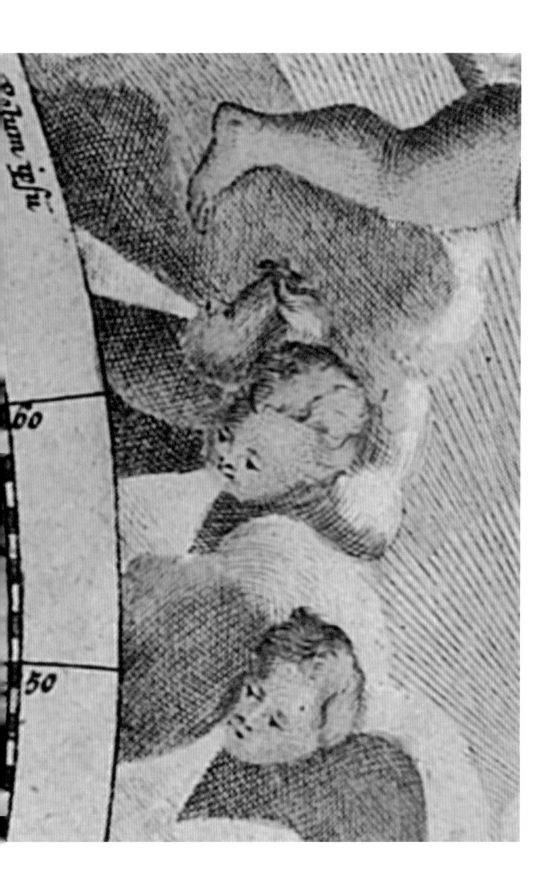

3. 1746 Buache Philippe

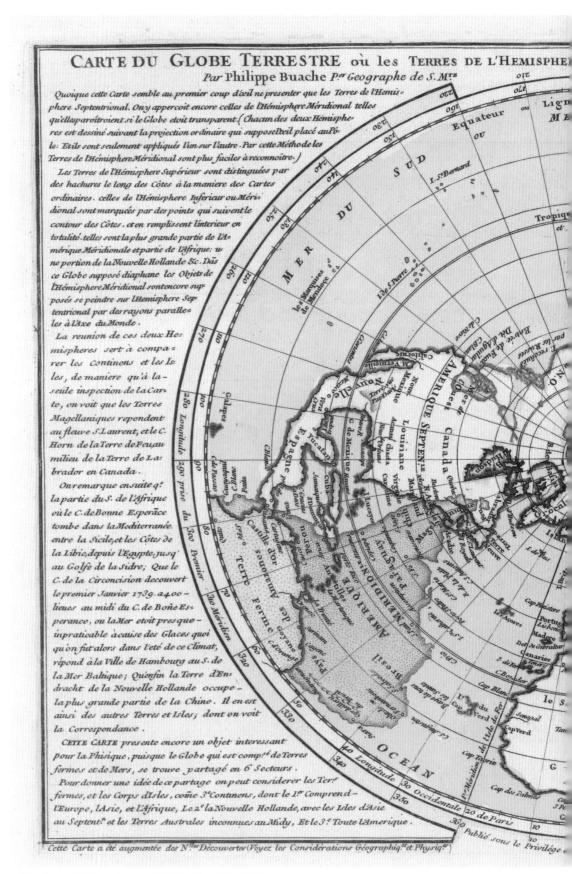

그림 118. 1746 Philippe Buache(필립 뷔아슈, 1700~1773)

그림 119. 1746 Philippe Buache 베링해 확대

4. 1747 Jacques Nicolas Bellin

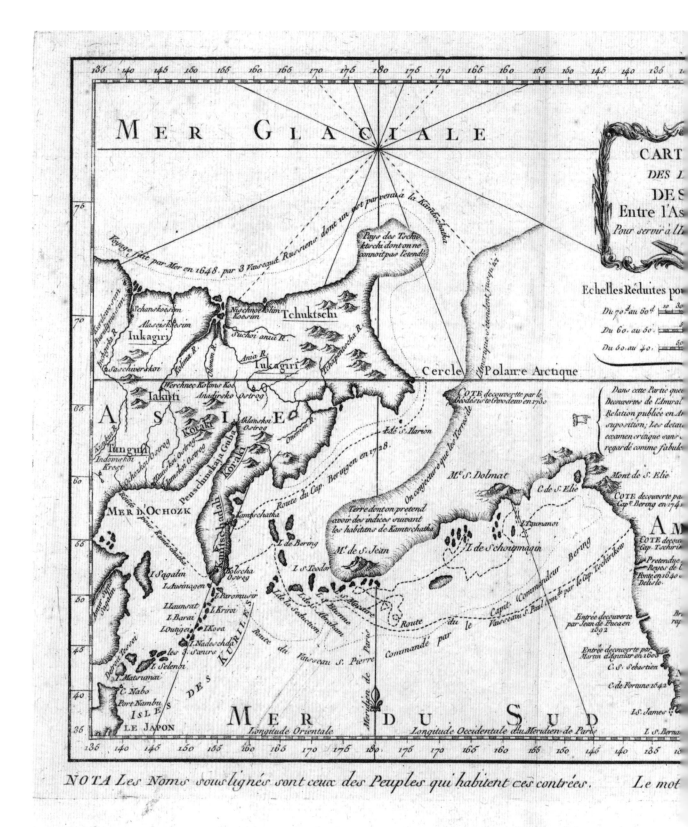

그림 120. 1747 Jacques Nicolas Bellin(자크-니콜라스 벨렝)

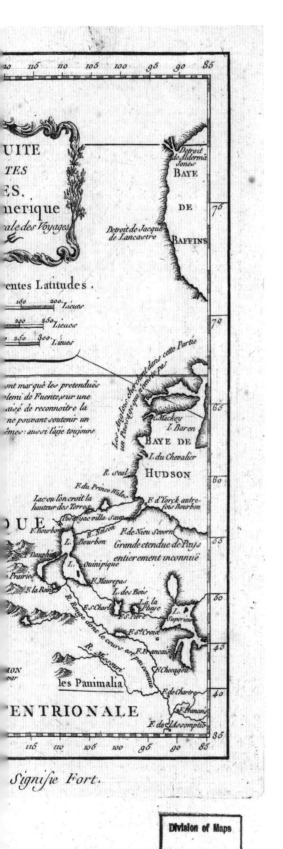

니콜라스 벨렝 지도들은 동시기 Philippe Buache 지도들이 제작됐음에도 지리정보가 부정확한 듯 엉터리로 제작됐다. 비슷한 지도들은 모두 베링해가 육지였음을 감추기 위해 근세기에 제작된 가짜 지도로 예상된다.

5. 1752 Planisphere Physique

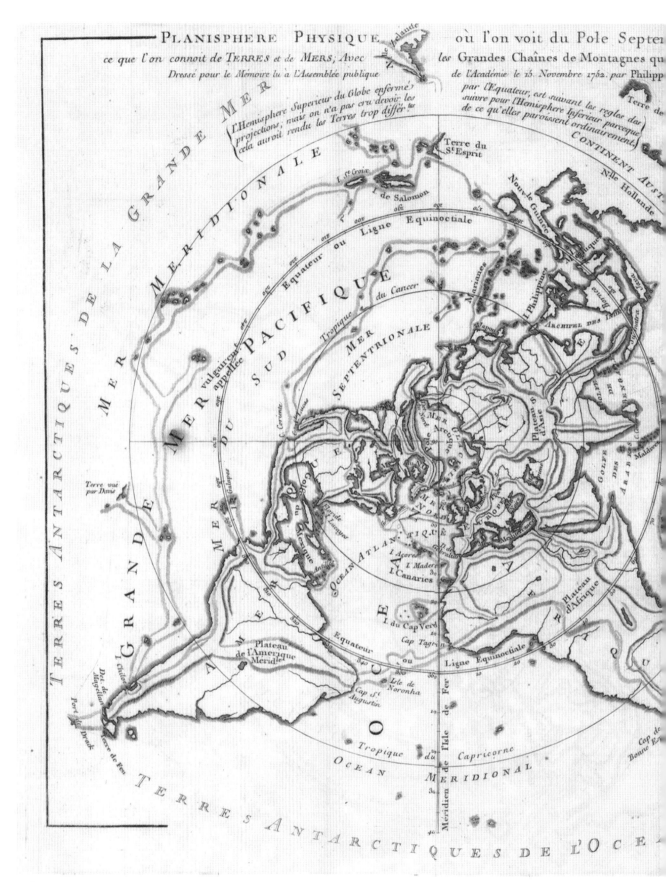

그림 121. 1752 Planisphere Physique

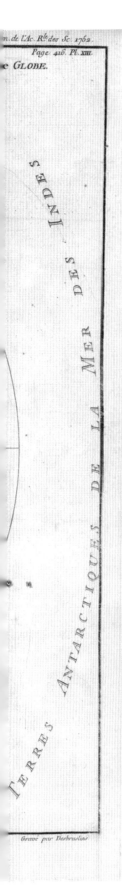

1752년 Gentleman's Magazine에 게재된 필립 뷔아슈(Philippe Buache, 1700~1773)의 지도 Planisphere Physique다. 뷔아슈는 지도학자인 장인 기욤 드릴 밑에서 일한 뒤 1729년 프랑스 왕궁 지리학자가 되었다. 뷔아슈는 최첨단의 지리정보들을 습득하여 지도상에 반영할 수 있는 여건이었다. 뷔아슈는 지도에서 기복을 표현하는 방법으로 등고선을 사용하는 데 있어 선구적 역할을 했다. Buache가 제작한 수많은 지도들에 베링해는 일관되게 육지로 표현됐다.

그림 122. 1752 Planisphere Physique 북반구 확대

해수면의 비밀

1752년에 이미 극동아시아에 바이칼 호수, 캄차카 반도와 북극권 그린란드, 허드슨만, 발라스코호수의 지형이 상세히 표현됐다.

6. 1752 Buache Philippe

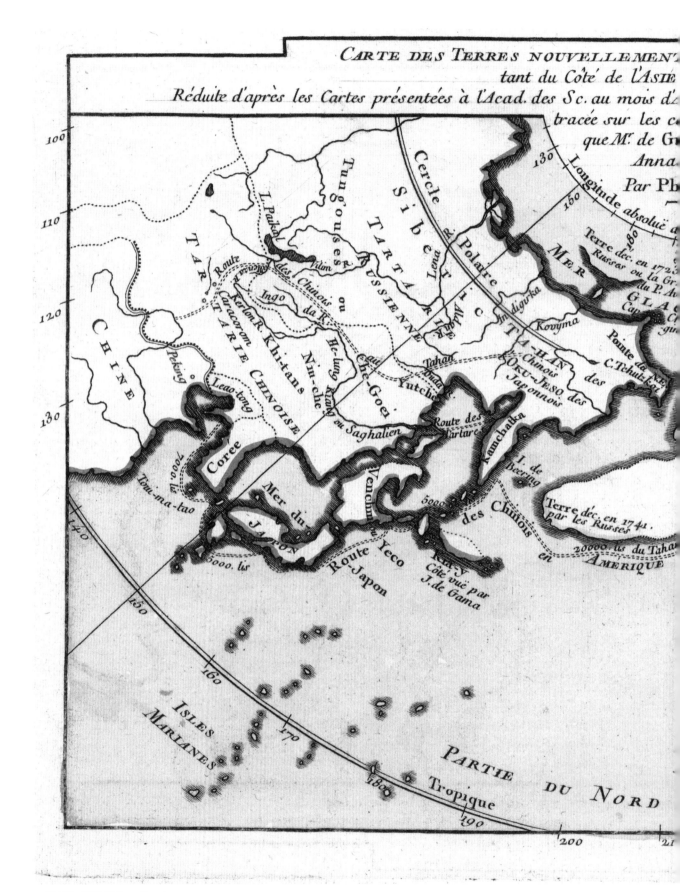

그림 123. 1752 Philippe Buache

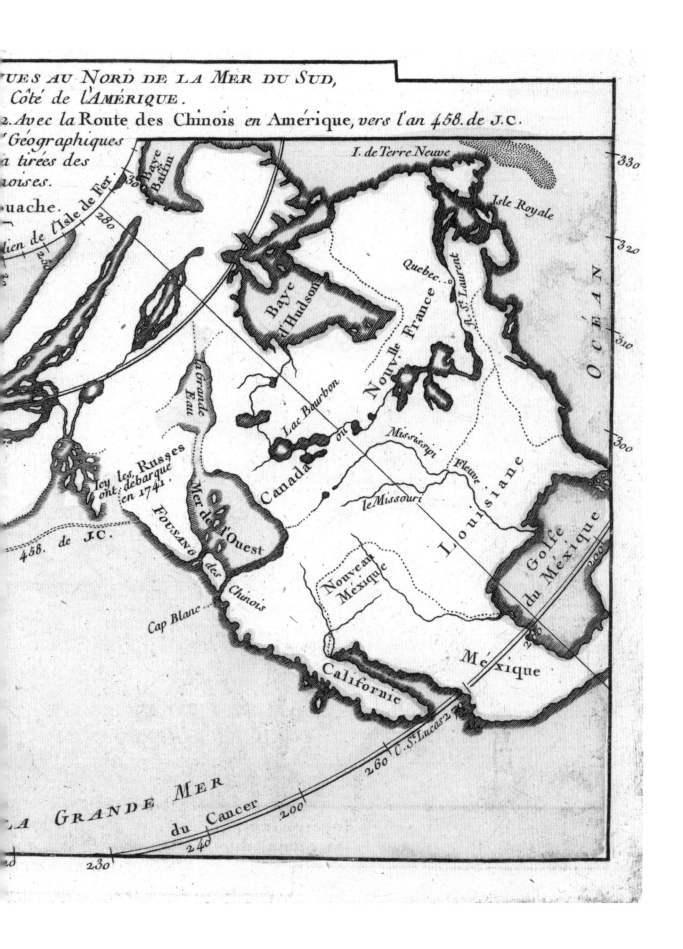

UES AU NORD DE LA MER DU SUD,
Côté de l'AMÉRIQUE.
2. Avec la Route des Chinois en Amérique, vers l'an 458. de J.C.
Géographiques
a tirées des
oises.
uache.
dien de l'Isle de Fer.

I. de Terre Neuve

Baye Baffin

Isle Royale

OCÉAN

Quebec

A. St Laurent

Baye d'Hudson

Nouᵗᵉ France

la Grande Eau

Lac Bourbon

Canada ou

Mississipi

Fleuve

Louisiane

Icy les Russes se ont. debarqué en 1741.

FOUSANG

Mer de l'Ouest

le Missouri

des Chinois

Cap Blanc

458. de J.C.

Nouveau Méxique

Golfe du Méxique

Californie

Méxique

C. St Lucas

LA GRANDE MER

du Cancer

230   240   200   260

그림 124. 1752 Philippe Buache

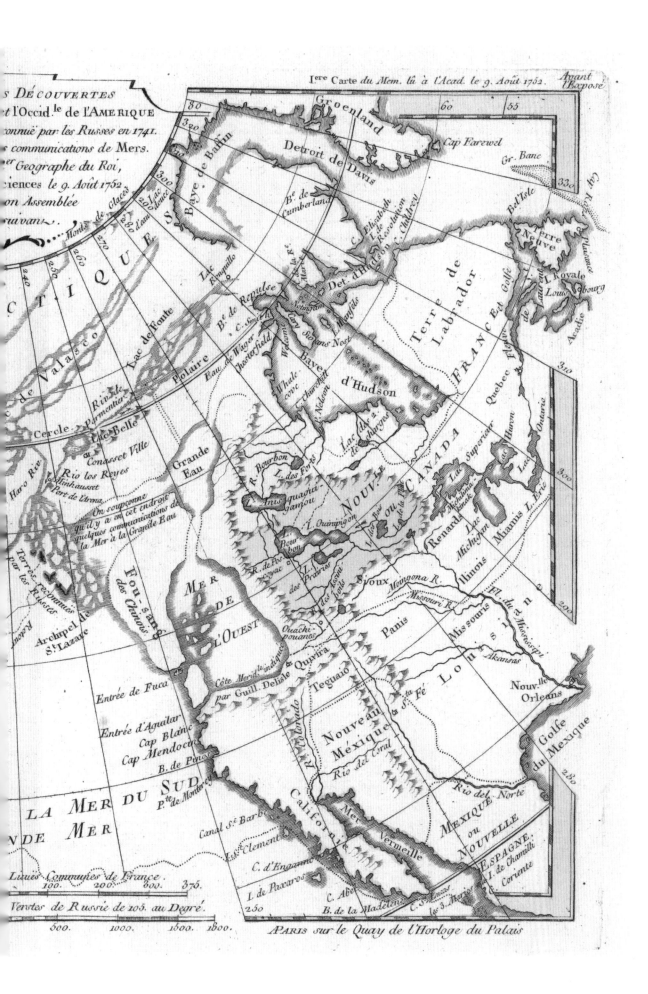

그림 125. 1752 Philippe Buache

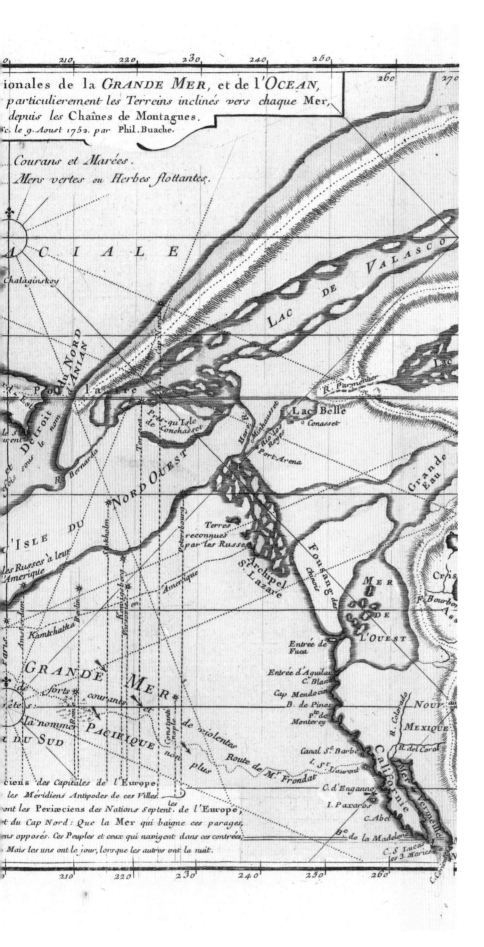

ionales de la *GRANDE MER*, et de l'*OCEAN*,
particulierement les Terreins inclinés vers chaque Mer,
depuis les Chaînes de Montagnes.
c. le 9 Aoust 1752. par Phil. Buache.

Courans et Marées.
Mers vertes ou Herbes flottantes.

A C I A L E

Chalaginskoy

LAC DE VALASCO

Pr du NORD
la nom ANIAN

Près-qu'Isle
de Conchasset

R. Parmentier

Lac Belle

Minhausset
Rio los
Reyes

Conasset

Lac

Détroit sous
le nom

Port Arena

Grande
Eau

R. Bernarda

NORD OUEST

Tornea

L'ISLE DU

Peterbourg

Terres
reconnues
par les Russes

Archipel
St Lazare

Fousang des

Chinois

Mer

DE

Cris

F. Bourbon
As

les Russes à leur
Amerique

Stockholm

Amerique

L'OUEST

Kamtchatka Sedan

Entrée de
Fuca

GRANDE

Entrée d'Aguilar
C. Blanc

Cap Mendocin

MER

Nouv

forts

courans

et

B. de Pinos
P^te de
Monterey

MEXIQUE

la nomme

PACIFIQUE

de violentes

R. Colorado

R. del Coral

Route de Mr Frondat

Canal Ste Barbe

DU SUD

non plus

I. St Laurent

California

ciens des Capitales de l'Europe
les Meridiens Antipodes de ces Villes

C. d'Enganno

Mer Vermeille

ont les Periæciens des Nations Septent. de l'Europe;
du Cap Nord: Que la Mer qui baigne ces parages,
ns opposés. Ces Peuples et ceux qui navigent dans ces contrées;
Mais les uns ont le jour, lorsque les autres ont la nuit.

I. Paxaros

C. Abel

B^e de la Madelene

C. St Lucas
les 3. Maries

7. 1754 Buache Philippe

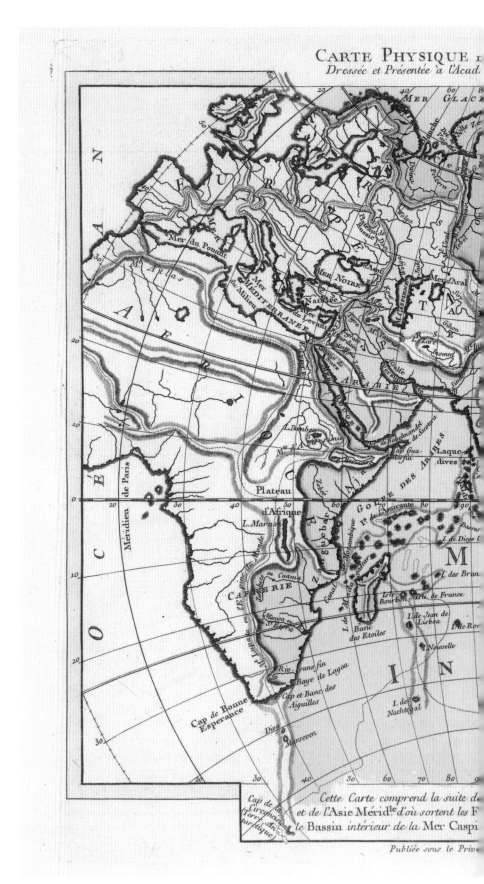

그림 126. 1754 Philippe Buache

8. 1756 Buache Philippe

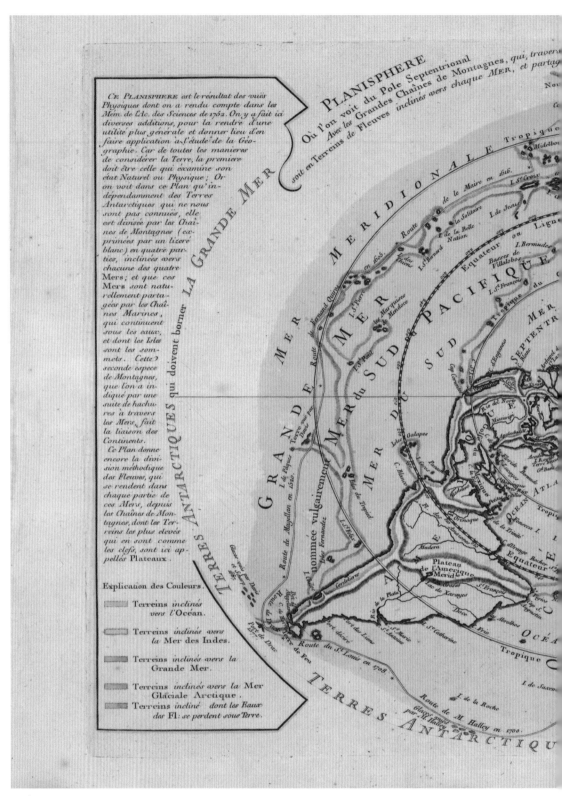

그림 127. 1756 Philippe Buache

전형적인 필립 뷔아슈의 지도다. 베링해를 육지로 표현하고 그란란드를 북미와 연결된 반도로 표현했다.

그림 128. 1756 Philippe Buache 확대

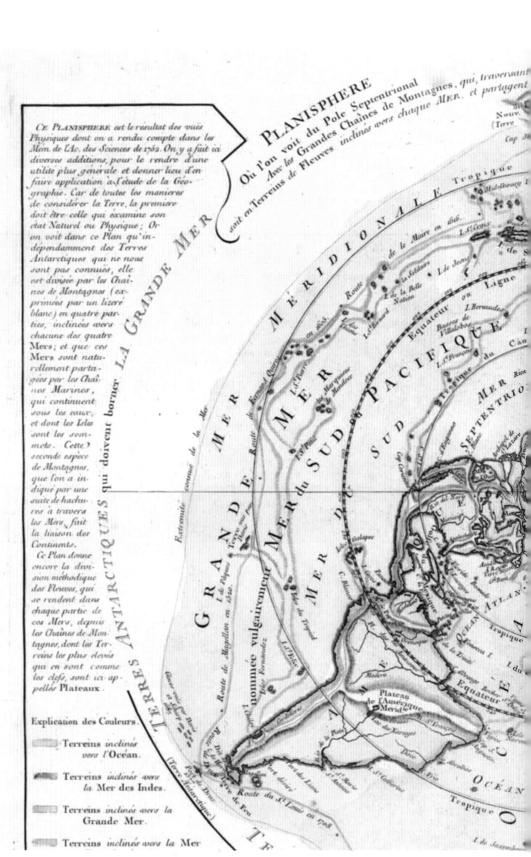

그림 129. 1756 Philippe Buache

앞의 뷔아슈 1756 지도와 전혀 다르게 채색됐다. 뷔아슈 지도는 일관성이 없다는 인식을 심어 주기 위한 후대의 조작으로 예상된다.

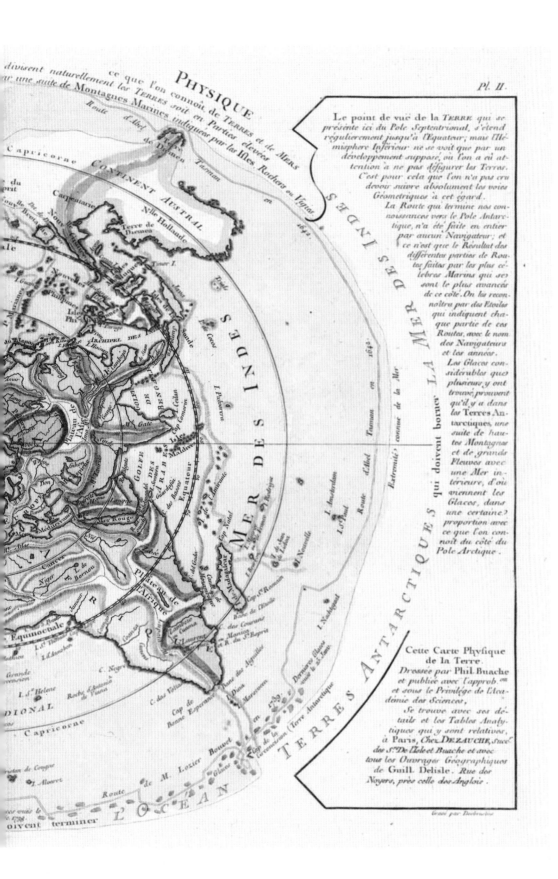

9. 1757 Buache Philippe

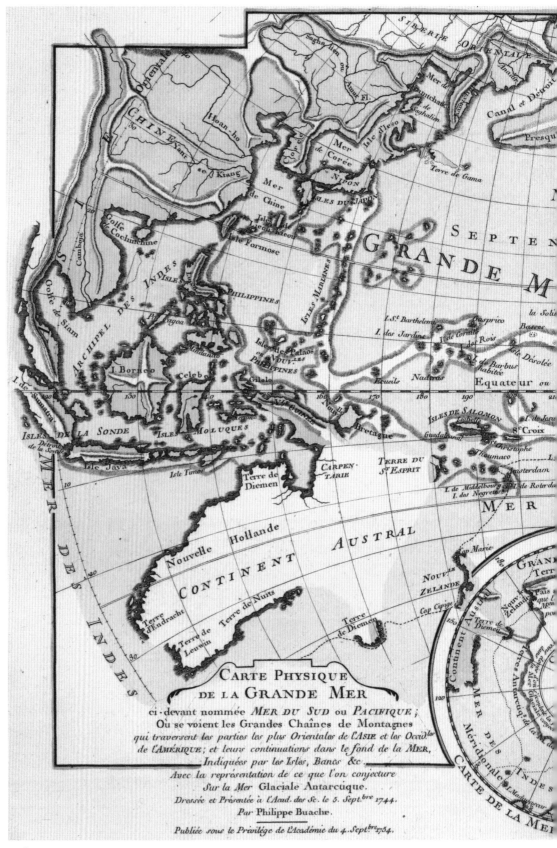

그림 130. 1757 Philippe Buache

그림 131. 1757 Philippe Buache 베링해 확대

10. 1757 Planisphere Physique

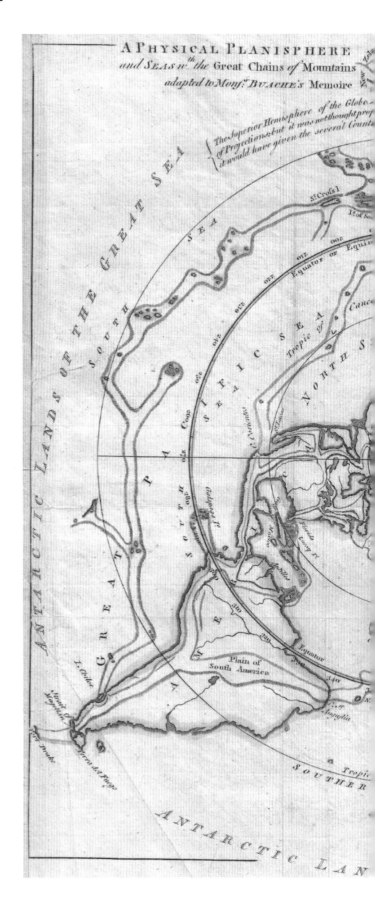

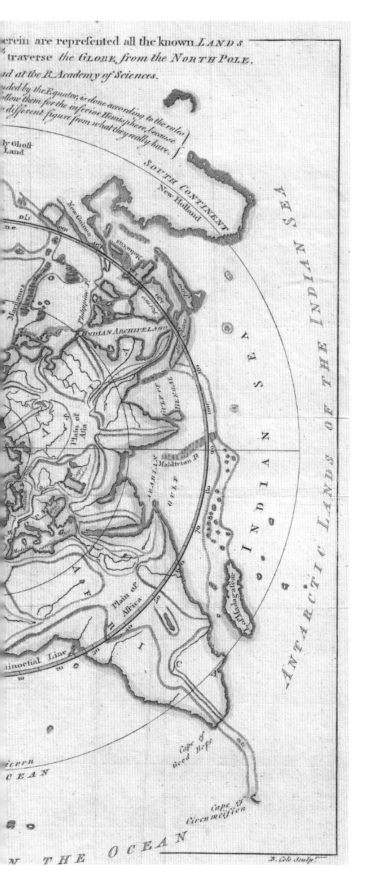

그림 132. 1757 Planisphere Physique(Gentleman's Magazine에 게재된 필립 뷔아슈 지도)

11. 1758 Gerhard Friedrich Muller

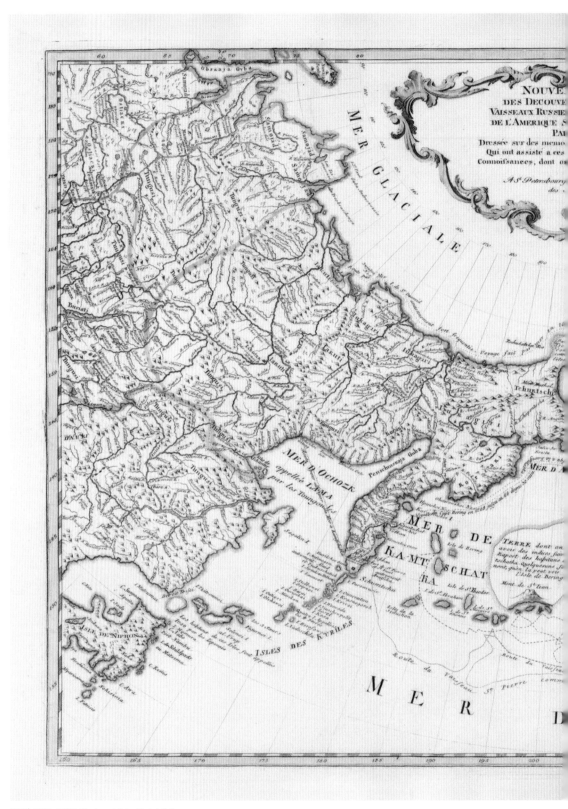

그림 133. 1758 Gerhard Friedrich Muller

지리정보가 부정확한 듯 엉터리로 제작됐다. 비슷한 지도들은 모두 조작으로 예상된다.

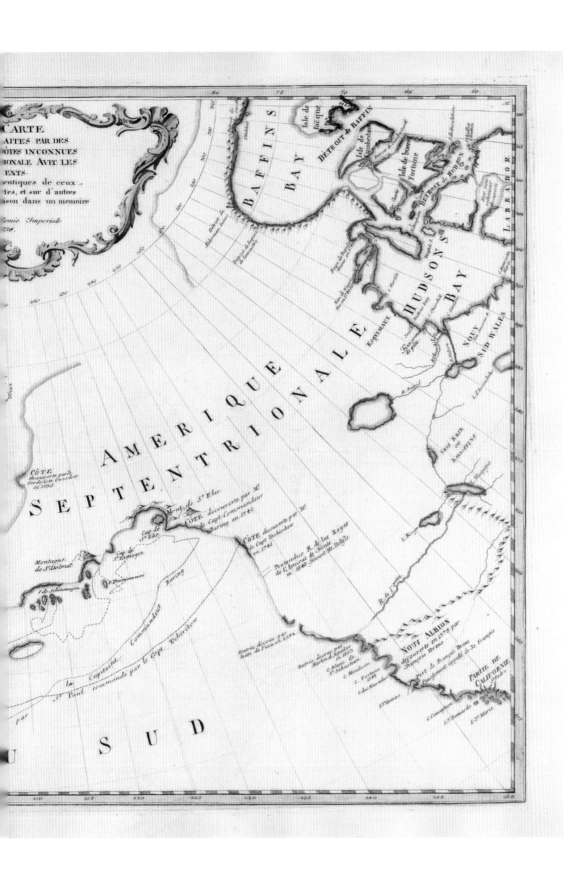

12. 1760 John Gibson

그림 134. 1760 John Gibson

13. 1764 Jacques Nicolas Bellin

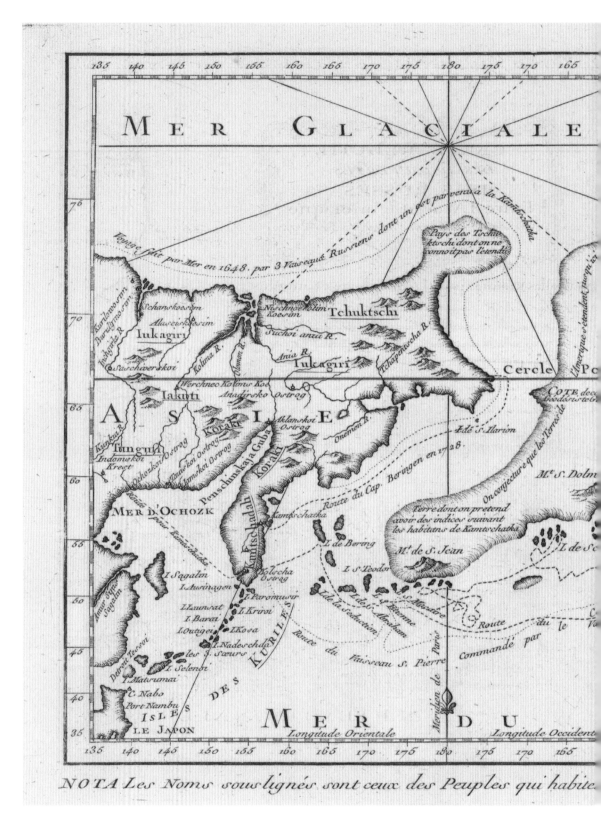

그림 135. 1764 Jacques Nicolas Bellin

동시기 Philippe Buache 지도들이 제작됐음에도 북미와 베링해 지형를 엉터리로 표현했다.

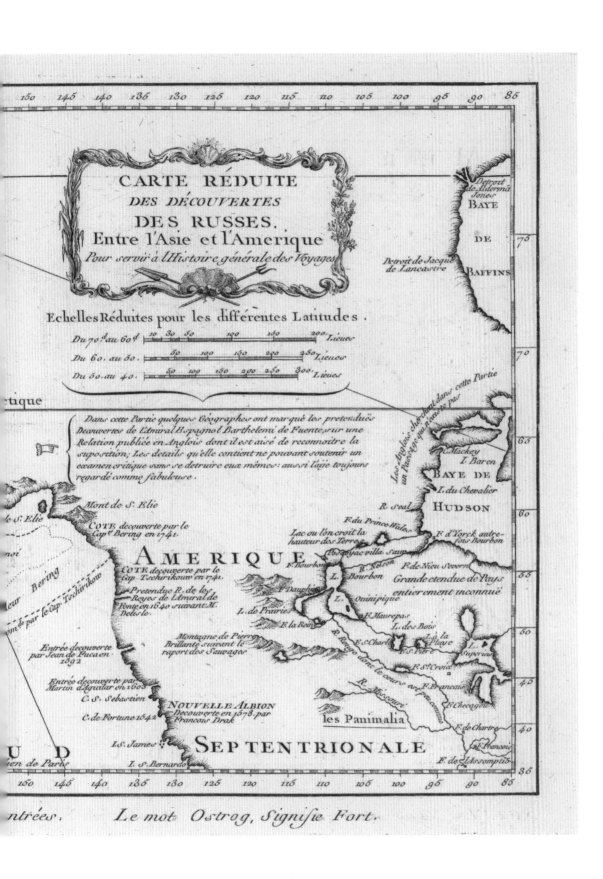

비슷한 지도들은 모두 베링해가 육지였음을 감추기 위해 근세기에 제작된 조작지도로 예상된다.

14. 1766 Jacques Nicolas Bellin

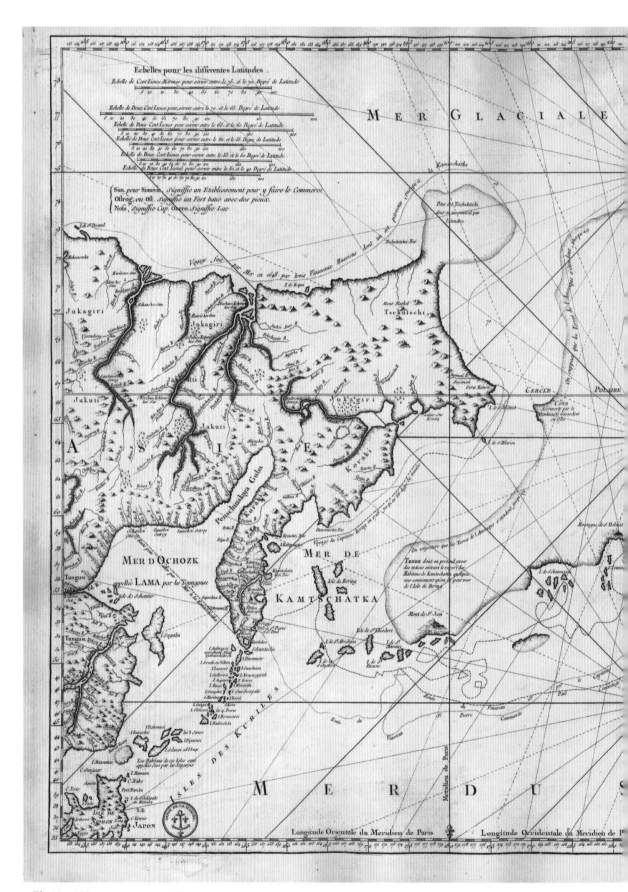

그림 136. 1766 Jacques Nicolas Bellin

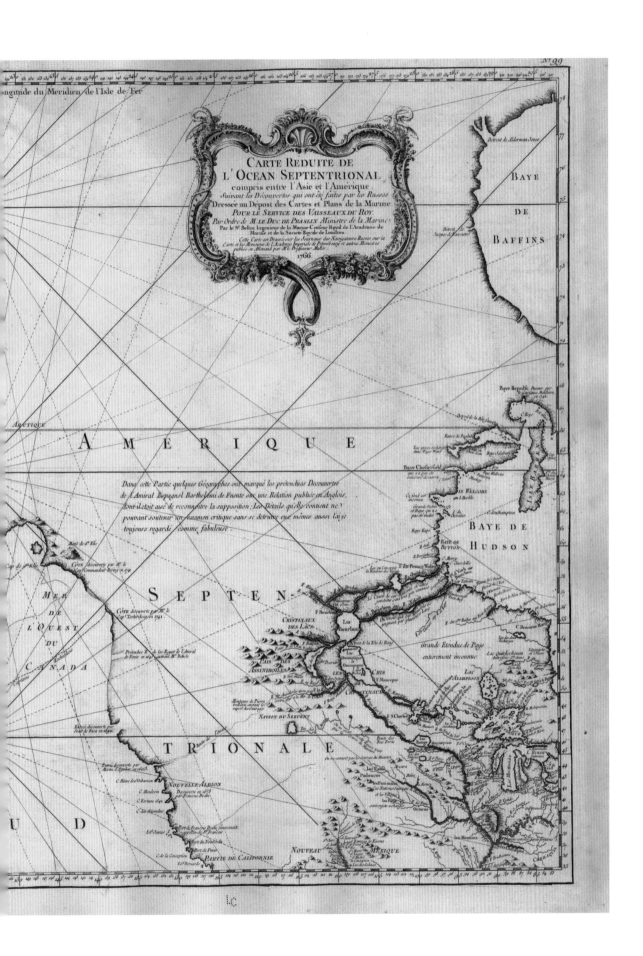

15. 1770 Andrew Bell

그림 137. 1770 Andrew Bell

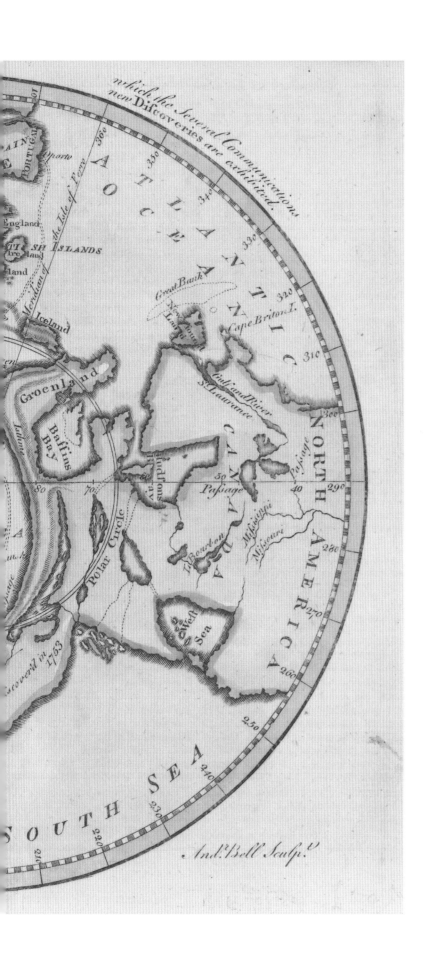

16. 1772 Denis Diderot

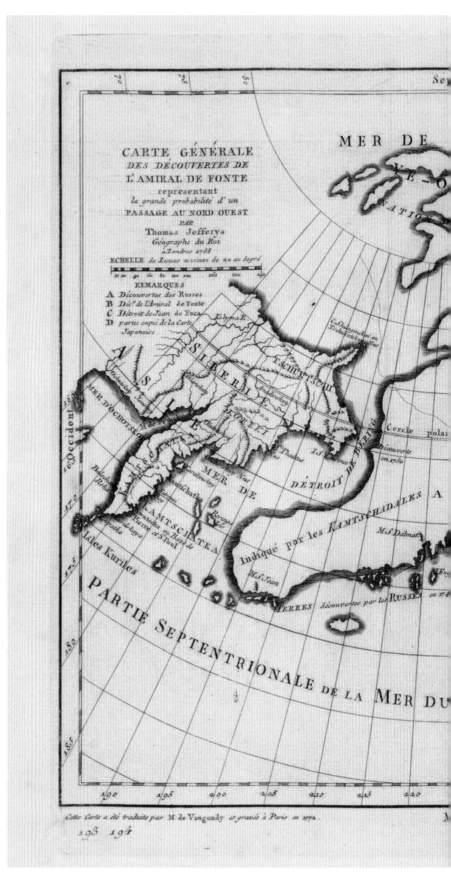

그림 138. 1772 Denis Diderot

17. 1772 Robert de Vaugondy, Didier, (Diderot, Denis)

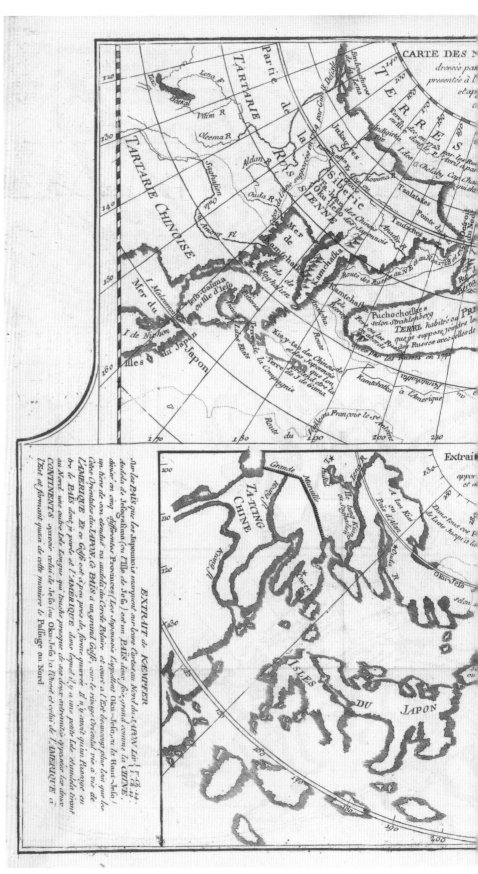

그림 139. 1772 Robert de Vaugondy, Didier, (Diderot, Denis)

18. 1775 Robert Sayer

그림 140. 1775 Robert Sayer

19. 1780 J.A. Dezauche

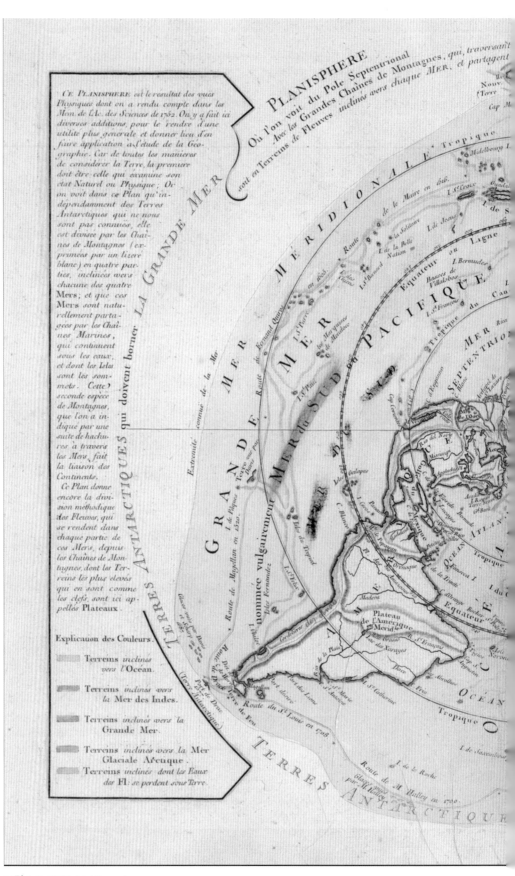

그림 141. 1780 J.A. Dezauche

그림 142 1780 J.A. Dezauche 확대

20. 1781 Giovanni Rinaldo Carli

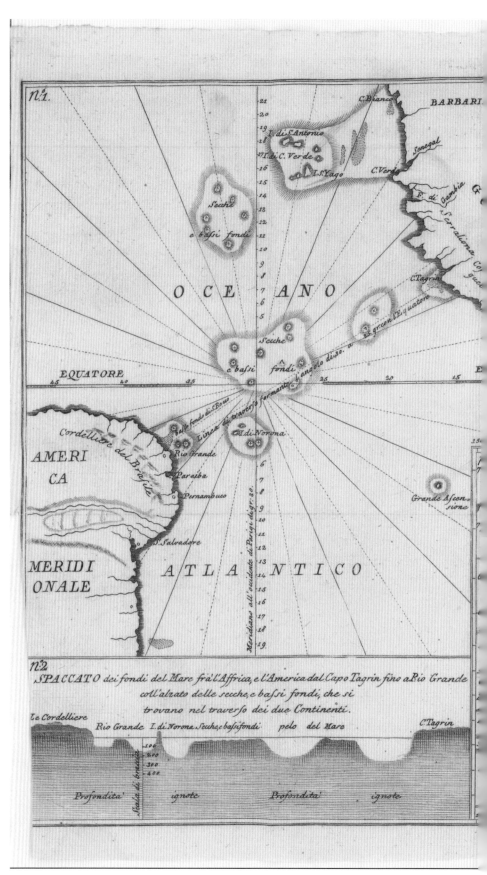

그림 143. 1781 Giovanni Rinaldo Carli

그림 144. 1781 Giovanni Rinaldo Carli 확대

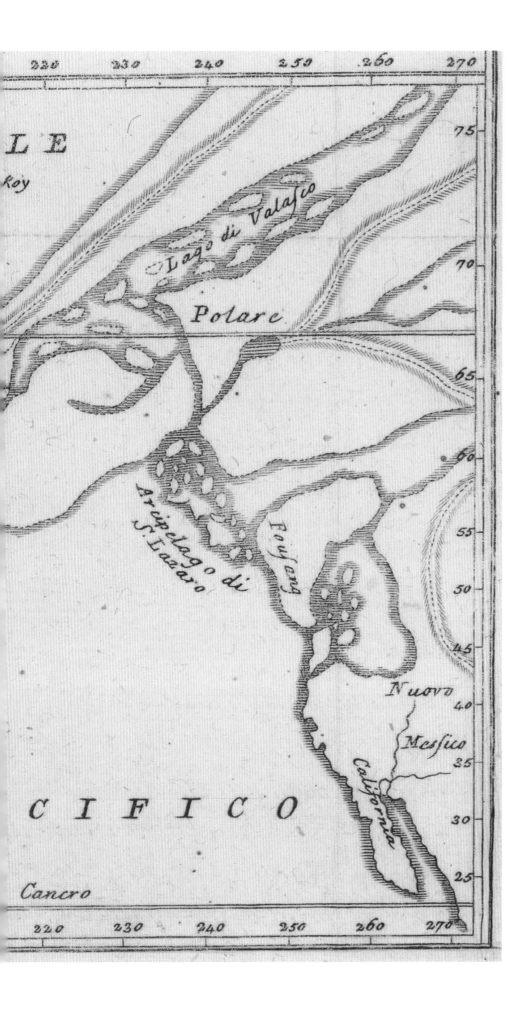

21. 1783 J.A. Dezauche

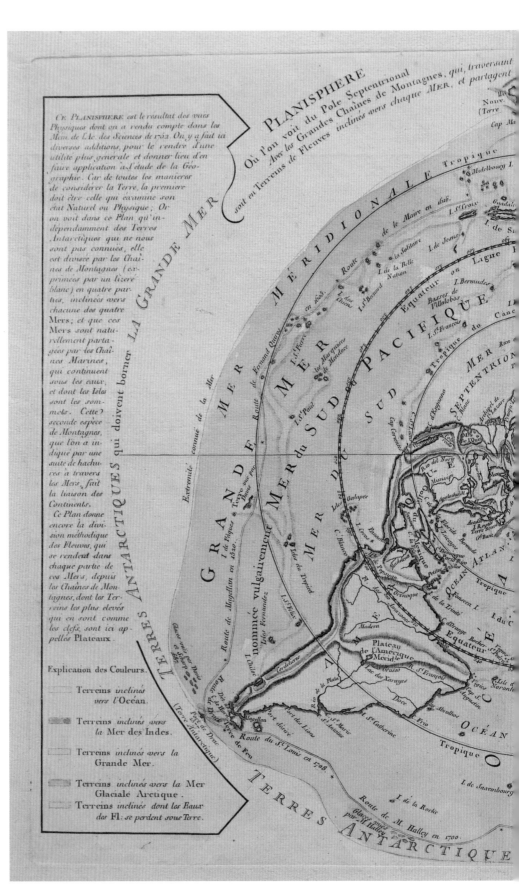

그림 145. 1783 J.A. Dezauche

PHYSIQUE

Pl. II.

Le point de vue de la TERRE qui se
présente ici du Pôle Septentrional, s'étend
régulierement jusqu'à l'Equateur; mais l'Hé-
misphere Inférieur ne se voit que par un
développement supposé, où l'on a eu at-
tention à ne pas défigurer les Terres.
C'est pour cela que l'on n'a pas cru
devoir suivre absolument les voies
Géométriques à cet égard.
       La Route qui termine nos con-
noissances vers le Pôle Antarc-
tique, n'a été faite en entier
par aucun Navigateur, et
ce n'est que le Résultat des
differentes parties de Rou-
tes faites par les plus cé-
lebres Marins qui se
sont le plus avancés
de ce côté. On les recon-
noîtra par des Etoiles
qui indiquent cha-
que partie de ces
Routes, avec le nom
des Navigateurs
et les années.
   Les Glaces consi-
derables que
plusieurs y ont
trouvé, prouvent
qu'il y a dans
les Terres An-
tarctiques, une
suite de hau-
tes Montagnes
et de grands
Fleuves avec
une Mer in-
térieure, d'où
viennent les
Glaces, dans
une certaine
proportion avec
ce que l'on con-
noît du côté du
Pôle Arctique.

Cette Carte Physique
de la Terre.
Dressée par Phil. Buache
et publiée avec l'approb.ᵒⁿ
et sous le Privilège de l'Aca-
démie des Sciences,
       se trouve avec ses dé-
tails et les Tables Analy-
tiques qui y sont relatives,
à Paris, Chez DEZAUCHE, succ.ʳ
des S.ʳ De l'Isle et Buache et avec
tous les Ouvrages Géographiques
de Guill. Delisle. Rue des
Noyers, près celle des Anglois.

그림 146. 1783 J.A. Dezauche 확대

22. 1795 Pinelli(1559 Hajji Ahmed)

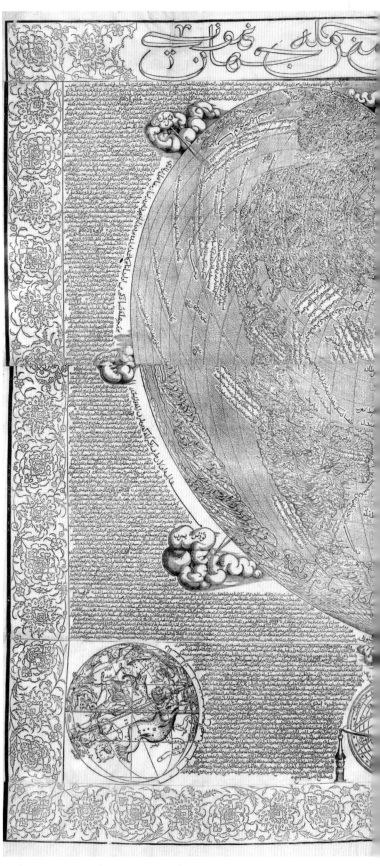

그림 147. 1795 Pinelli(1559 Hajji Ahmed)

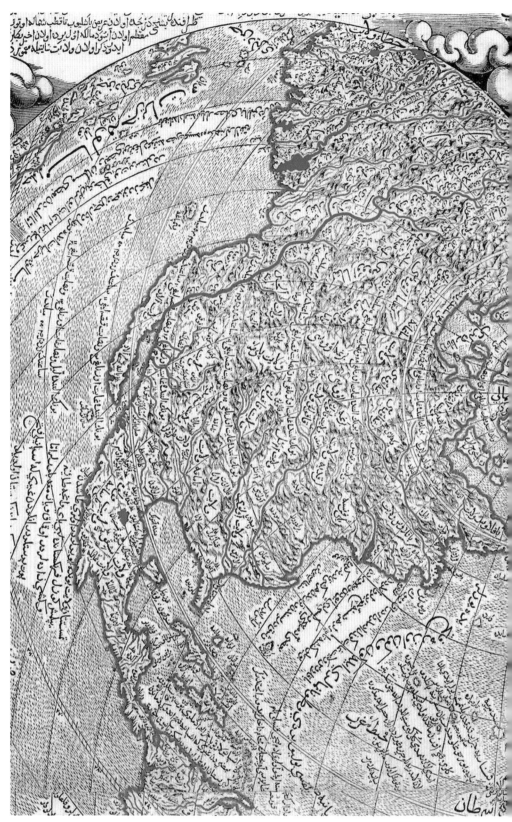

그림 148. 1795 Pinelli(1559 Hajji Ahmed) 강줄기 등 지형 채색(사진 제작: 김종문)

위 지도는 1559년 이탈리아 베니스에서 활동하던 무슬림 지도제작자 하지 아흐메드가 오론테우스 지
도를 기반으로 제작한 지도를 1795년 피넬리가 인쇄한 지도로 알려졌다.

16세기 오론테우스 지도들에 캘리포니아는 섬으로 표현됐다. 그런데 위 지도에 캘리포니아는 18세기 부아쉬 지도들과 비슷하게 반도로 표현됐다. 지도에 강줄기들은 오론테우스 지도들과 전혀 다르다.

23. 1826 Anonymous

그림 149. 1826 Anonymous

19세기 지도 중 베링해를 육지로 표현한 지도는 보이지 않는다. 위 지도에 북미 그린란드는 육지로 연결된 반도로 표현됐고, 알래스카에서 그린란드까지 거대한 호소가 표현됐다.

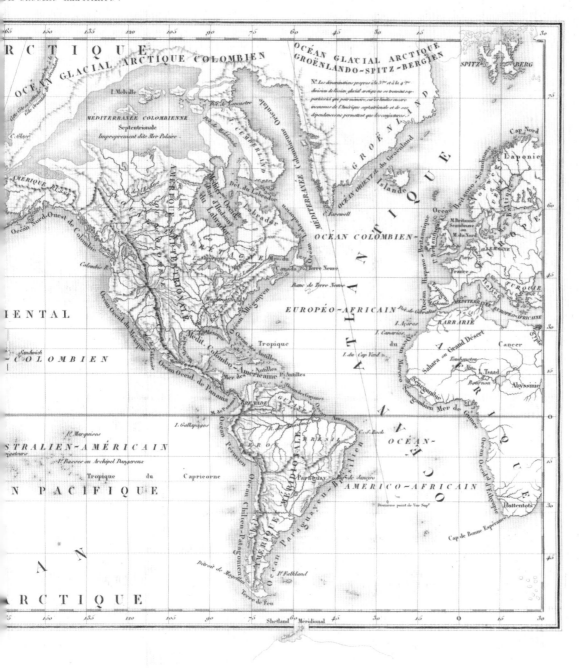

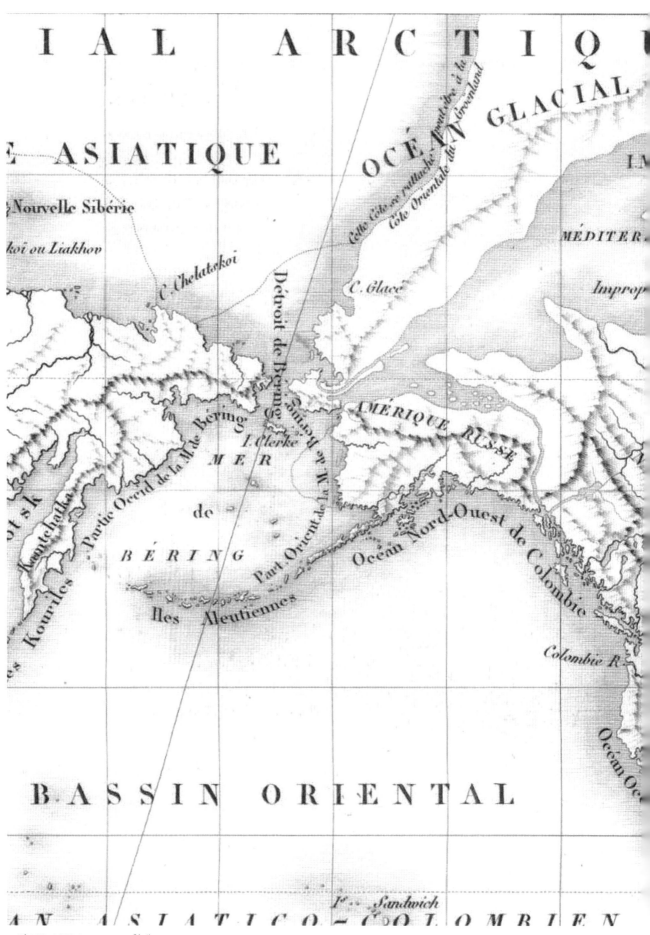

그림 150. 1826 Anonymous 확대

《해수면의 비밀 1》을 마치며

현 세계사에서 18세기까지도 미대륙과 아시아의 중간에 위치한 베링해가 육지였음은 감추어졌다. 필자가 《해수면의 비밀 1》에서 밝혔듯 18세기 서양에서 제작한 지도들 중 베링해를 육지로 표현한 지도들보다 바다로 표현하거나 모호하게 표현한 지도들이 몇배 이상으로 많다. 두 부류의 지도들을 비교·분석해 보면 베링해를 육지로 표현한 지도들은 일관성이 있고 정확했다. 반면 베링해를 바다로 표현한 지도들은 일관성이 없고, 심지어는 동일 연도에 동일 제작자의 지도들이 서로 다르게 제작됐다. 베링해는 18세기까지도 육지였다. 이는 수백 장의 지도들이 명백히 증거하는 사실로 의심의 여지가 없다.

베링육교이론(Beringia Land Bridge)에 따르면 미대륙의 인류는 아시아에서 약 35,000년 전에야 육지였던 베링해협과 베링해 등 베링지아를 통과하여 미대륙으로 이주한 인류의 후손들이다. 베링지아 이론은 동아시아였던 미대륙을 신대륙으로 만들고 원주민들을 선주민으로 격하하여 권리를 약화시킨다. 베링지아 이론으로 가장 크게 이득을 본 자들은 근세기 미대륙과 전 세계의 패권을 차지한 세력들 일명 딥 스테이트라 불리는 자들이다. 앞서의 이유들로 필자는 18세기에 베링해를 바다로 표현한 지도들은 아시아와 하나의 대륙이었던 미대륙을 신대륙으로 만들기 위한 의도로 근세기에 제작된 가짜지도들로 예상한다.

필자는 앞으로 《해수면의 비밀》들을 통해 아시아와 하나의 대륙이었던 미대륙이 어떠한 이유로 현재처럼 변하게 됐는지 밝힐 것이다. 부디 모든 독자들에게 하나님의 은혜가 함께하기를 소망한다.